故郡云霄

《故郡云霄》编委会 编

海峡文艺出版社

图书在版编目(CIP)数据

故郡云霄/《故郡云霄》编委会编. —福州:海峡文艺出版社,2009.10
(海峡二十七城市历史文化系列)
ISBN 978-7-80719-439-2

Ⅰ.故… Ⅱ.故… Ⅲ.文化史—云霄县
Ⅳ.K295.74

中国版本图书馆 CIP 数据核字(2009)第191559号

故 郡 云 霄

编者:《故郡云霄》编委会

责任编辑:唐晓燕

出版发行:海峡文艺出版社(网址:www.hx-read.com)

出品人:何 强

社址:福州市东水路 76 号 14 层　　　　邮编:350001

发行部电话:0591-87536724

印刷:福州德安彩色印刷有限公司　　　　邮编:350008

开本:787×1092 毫米　1/16

字数:220 千字

印张:13.75

版次:2009 年 10 月第 1 版

印次:2009 年 10 月第 1 次印刷

ISBN 978-7-80719-439-2

定价:45.00 元

出 版 说 明

　　《国务院关于支持福建省加快建设海峡西岸经济区的若干意见》的正式发布，使海峡西岸经济区建设的战略构想逐步成为现实。以海峡两岸主要城市为主体的海峡经济区的设想，也正不断得到海峡两岸有识之士的认同和社会各界的关注。我们认为，一个成熟的经济圈的形成，离不开该区域历史文化的交流和对接。作为建设文化的一个重要平台，我们出版工作者在其中应当也可以有所作为。

　　海峡文艺出版社成立二十五年来，积极关注海峡两岸历史文化资源的挖掘整理，并用通俗生动的形式将它们展现在读者面前，得到了社会和读者的认同。经过充分的市场调研，近期我们提出了编辑出版"海峡二十七城市历史文化系列"的选题构想。这个构想的主要内容是：通过对海峡两岸二十七个主要城市（包括福建的福州、厦门、漳州、泉州、莆田、三明、南平、龙岩、宁德；浙江的温州、丽水、衢州；广东的汕头、梅州、潮州、揭阳；江西的上饶、鹰潭、抚州、赣州；台湾的台北、高雄、基隆、台中、台南、新竹、嘉义等）及所辖的两百多个县（市、区）的历史文化进行审视和观照，用"探寻历史遗存"、"拜访古代先贤"、"感悟绿色山水"、"品味地方风情"、"寻找故事传说"、"重读古典诗文"和"欣赏县城新姿"等板块进行书写和展示，一县（区、市）一册。让读者在图文并茂的情境中，走进历史，关心当下，展望未来。

　　此项工程已经正式展开，我们计划用三到五年时间全部完成。我们真诚希望与有关县（市、区）及其有志之士携手，共同努力，把我们珍贵的历史文化资源转化为现实的文化生产力，为中华文化的大发展大繁荣，增添一道厚重而亮丽的风景线。

海峡文艺出版社

二〇〇九年十月

总　序

刘可清　陈　冬

漳州是我国历史文化名城、优秀的旅游城市，是台胞的主要祖籍地和著名的侨乡，是海峡西岸经济区的重要城市之一。一万多年前，先民就在这片沃土上拓土耕耘。四五千年前，漳州就具有了相当的文明。公元7世纪中叶，陈政、陈元光父子入闽，在平息啸乱之后，设立州治，大力开发漳州。从此，中原文化与闽越文化在这里相互交融，相互促进，共同发展，创造了灿烂的漳州历史文化，留下了足以傲人的历史文化遗产。朱熹、黄道周等先贤，世界级文学大师林语堂，以及许地山、杨骚等一批文化名人留下了宝贵的精神财富；芗剧、木偶剧及木偶雕刻艺术享誉海内外；剪纸、灯谜、木版年画等民间传统艺术丰富多彩。

新中国成立后，特别是改革开放三十多年来，漳州的经济政治文化社会事业得到了全面发展进步，对历史文化的挖掘、整理、保护，也列入了党委政府的重要议事日程。我们狠抓保护与利用工作相结合，使经济建设与文化建设协调发展，相得益彰。2005年，漳州市区明清古街的保护荣获联合国科教文组织亚太地区遗产保护奖；2008年，漳州的3个土楼群成功列入世界文化遗产名录。目前，漳州拥有福建土楼、八宝印泥、漳浦剪纸等多项世界级、国家级文化遗产。列入全国重点文物保护单位的有15处23个点，省级重点文物保护单位57处，并有6个文化部命名的中国民间艺术之乡、1个省历史文化名镇、1个中国历史文化名村，还有革命史迹和革命纪念地280多处。2008年12月，漳州市第三批非物质文化遗产名录出炉，就有九大类26项。

漳台两地的"五缘"关系，更使漳州具有了独特的开展两岸历史文化交流活动的优势。围绕开漳圣王陈元光、东山关帝、保生大帝、三平祖师等开展的品牌活动，吸引了大量的台湾信众。漳台姓氏与族谱文化研究、漳台两岸祖籍地对接、开基祖对接、祠堂对接、族谱对接、同姓宗亲团体对接等活动，更是增进了漳台两地人民的亲情，见证了两岸血脉相连的深厚渊源。

今年5月，《国务院关于支持福建省加快建设海峡西岸经济区的若干意见》正式发布，其中提出要把海峡西岸经济区建设成为"我国重要的自然和文化旅游中心"。在这方面，漳州无疑也有自身的独特优势。文化是旅游的灵魂，旅游是文化的载体。要把漳州打造成为"国际知名的自然与文化旅游目的地"之一，就需要我们依托底蕴深厚的漳州历史文化，加快文化旅游资源的开发，实现以文促旅，以旅兴文的目标。

所有这些，都要求我们看待历史文化资源，要有更高的高度，要有更新的视角。实践证明，文化作为一种生产力，它的作用并不仅仅局限在文化领域，它可以带动社会的全面发展、提高人们的生活水平。对于漳州这样一个有着一千多年历史的文明区域来说，如何将悠久的历史文化积淀进一步转化为现实生产力，为实现科学发展、社会和谐发挥更大的推动作用，是一个具有十分现实意义的课题。

"漳州历史文化丛书"无疑在这方面做了一次有益的尝试和可贵的创新。

首先，丛书由市委宣传部、市经济学会牵头，由各县（市、区）组织作者，按照出版单位的要求进行编写，每县一册。展现在读者面前的这11册——《首善芗城》《风华龙文》《文化龙海》《唐郡漳浦》《故郡云霄》《海韵东山》《风韵诏安》《土楼南靖》《柚都平和》《绿色华安》《文昌长泰》，光书名，就富有特点，让人耳目一新，各县（市、区）独特的历史文化特色与现代发展气息跃然纸上，扑面而来。

其次，丛书的编写体例有自己的特点。探寻历史遗存、拜访古代先贤、感悟绿色山水、品味地方风情、寻找故事传说、重读古典诗文、欣赏县城新姿等板块，囊括物质文化遗存与非物质文化遗产，从人物到故事，从自然到社会，从历史到现实，向读者展现了漳州所属县（市、区）名人辈出，遗存众多，历史文化积淀厚重以及今天的卓越风姿。单一册，可以看作是一个县（市、区）的历史文化小百科，11册合起来，也是漳州历史文化的大百科。

再者，丛书用大文学的手法，挖掘历史文化，发现古代遗存，反映风土人情，展示自然生态和城市发展新姿新貌，力求做到雅俗共赏、史俗同趣，兼具权威性、文史性、思想性、艺术性和可读性。丛书彩色印刷，图文并茂，对外可作为展示各县（市、区）历史文化的外宣、文化礼品，成为海内外朋友了解漳州的必读文本；对内可作为弘扬地方优秀历史文化的生动教材，成为漳州市人民，特别是青少年学生引以自豪的必备读物。

刚刚过去的新中国60周年庆典，向世人展示了中华民族坚持科学发展、建设美好家园，为人类的文明进步、和平发展作出更大贡献的决心。漳州市和全国一样，也要豪迈地跨上新的征程。我们要继续努力，在经济政治文化社会等各方面，不断创新，不断落实，不断奉献出新的成果。

（作者分别为中共漳州市委书记、漳州市人大常委会主任，
中共漳州市委副书记、漳州市人民政府代市长）
2009年10月

目 录

序

云霄历史悠久，虽建县迄今未及百年，但远在新石器时代就有人类于此生息繁衍，创造了武进山、径头岭等"浮滨类型文化"。戍于秦，置关于汉，晋建绥安治。公元669年，唐归德将军陈政奉旨率府兵平定泉、潮之间的"啸乱"，于云霄开屯建堡，恩威并济，教化中原文明。公元686年，陈政之子陈元光在云霄火田镇首建漳州府治，从此开创了漳州新文明时代，云霄成为漳州及"开漳文化"的发祥地。此后，八十七姓开漳将士的后裔足迹遍布台湾及东南亚各地，"开漳文化"随之衍播，成为台湾地区四大民间信仰中唯一具有血缘关系的祖根文化，在两岸之间架起了一座永远不能割断的桥梁。2007、2008、2009连续三年，云霄成功举办"开漳圣王文化节"，并斥巨资拍摄33集电视连续剧《大唐儒将开漳圣王》，建立开漳历史纪念馆，极大地弘扬了"开漳文化"，增进了两岸之间的文化、经贸交流。2008年，"开漳圣王文化节"被国台办列为重点对台交流项目。

云霄自古人文荟萃。开漳先贤及明代侍郎吴原、翰林院编修林偕春誉满寰内，各方民众为其立庙馨香，至今尤盛。女中英烈陈璧娘、协助郑成功收复台湾的何斌等事迹一直为后人所称颂。云霄还是革命家秋瑾的出生地、天地会创立地和革命战争"闽南特委机关"所在地。

随着经济社会的急剧发展，云霄的地方文化迈出崭新的步伐，漳江画院等文化艺术社团在省内外影响日益扩大，潮剧等民间艺术形式蓬勃发展，2009年，云霄被文化部命名为"中国民间戏曲之乡"。巍巍将军山，茫茫红树林，滋养着这一方土地上灿烂的文化。我们相信，在海峡西岸经济区建设进程中，打造中国"电光源之都"伟大构想成为现实的那一天，在山海温泉旅游打响品牌的那一天，云霄还将创造出"光电文化"、"温泉文化"等新的文化领域。我们期待着，云霄的文化源远流长，云霄的明天更加美好！

（作者分别为中共云霄县委书记、县长）

探寻历史遗存

历史长河沧桑变幻，川流不息，浪花里弥漫出醉人的芳香。每一个历史瞬间，都是千年故郡人文云霄的缩影。在这片神奇的文化沃土上，承载着闽南民众世代相传的忠孝仁义观念和道德伦理规范。云霄尚贤重义、敬宗报本的淳厚民风，开疆辟土、抵御外侮的斗争传统，乐善好施、爱拼敢赢的道德观念薪火相传，为这座千年古郡谱写了宏伟壮丽的诗篇。人文资源优势打造了文化品牌的恒久魅力，那是我们今天激发思古幽情中奋进崛起的源泉。

民国年间云霄县政区图

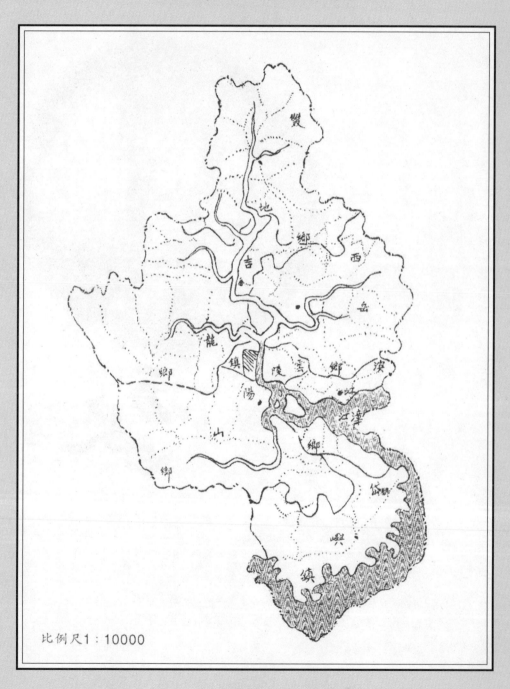

比例尺1：10000

◎ 寻访故郡西林村 ◎ 何 池

　　距云霄县云陵镇东北不远的漳江畔，坐落着一个小村子，名叫西林村。这是个又平常又不平常的村庄，因为漳州的历史源头即在这里。

　　翻开清嘉庆《云霄厅志》，里面有这样一段记载："漳州故城在梁山岭下，今云霄西林。"可见这个村子是和漳州的开发紧紧联在一起。当时随父征闽的陈元光平定闽南一带战乱之后，深感单靠军事行动非长远之计，认为"兵革徒有威其外，礼让乃格其心"，治理此地，使之长治久安的有效途径是"基本在创州县，其要在兴庠序"。基于这种想法，正值而立之年的陈元光上书武则天，奏请在泉潮间建一州郡："窃以臣镇地曰安仁，诚为治教之邦；江临漳水，实乃建名之本。如蒙乞敕，定名号而复入职方，建治所而注颁官吏，治循往古之良规，诚为救时之急务。"朝廷批准了他的奏章："……不如就尔屯营，建为治所。革去绥安之旧号，庸兹今世之新名。州曰漳州，县曰漳浦。"并委任陈元光为刺史。

　　而对朝廷的批复，陈元光回想入闽17年来的烽火沙场及披荆斩棘的屯垦历程，终于有了一个可喜的结局。于是，他遥望北方，心潮澎湃，即兴感赋《望阙谢恩》，写下"海岭知天瑞，欢欣荷圣心"的诗句。陈元光率领军众，亲自勘定地点、制定蓝图，在城中建造三进建制的府衙、武衙以及"笼仔"（监狱）等政权建筑。那叮当的打石声，嘶嘶的锯木声，军士们的欢笑声响成一片。

　　夏去冬来，几易寒暑。几经艰难草创，一座初具规模的漳州新城终于"一镇屹天中"，破天荒第一次出现在闽南大地，在这号称不毛之地的泉潮间。新城落成之际，正值深秋时节，闽南地区秋高气爽，天高云淡，湛蓝的天空下，金花争艳，硕果飘香，鸿飞青嶂，鹭点碧波，青山碧水之中，新城愈显得雄伟壮丽。看着这座浸透自己及部属血汗的城廓，陈元光感慨万千，吩咐主簿朱秉英备办酒筵，犒赏三军

3

故郡 云霄

【海峡二十七城市历史文化系列】

将士。席间筹觥交错，伴有轻歌曼舞。西林城将士同乐，一片欢腾。酒酣耳热之际，陈元光诗兴大发，顺口吟出《漳州新城秋宴》一诗，以精致的语言，浓重的色彩，描绘了当时新城四周的美景和欢乐盛宴的情景，展现了一幅旖旎山水画和将士同乐图。

地险行台壮，天清景幕新。鸿飞青嶂杳，鹭点碧波真。

风肃天如水，霜高月散银。婵娟争泼眼，廉洁正成邻。

东涌沧溟玉，西呈翠献珍。画船拖素练，朱树映红云。

琥珀杯方酌，鲛绡席未尘。秦箫吹引凤，邹律奏生春。

缥缈纤歌遏，婆娑妙舞神。会知冥漠处，百怪恼精魂。

建州伊始，百业待举。陈元光在祖母魏太夫人的教诲和许天正等老将的辅佐下，开始进行治理地方的工作。他任贤举能，选拔了一批有才能的部将后代，马仁、李伯瑶、卢如金、戴君胄、卢有道、欧哲等人，被委以重任；举办学校，教习礼义，使"民风移丑陋、土俗转酝醇"；发布发展生产的政策法令，奖掖耕织、兴修水利，在火田、孙坑等处筑坝开渠，建造"军陂"；通商惠工，在沿江造码头，发展通商贸易。经过几年的休养生息，这座位于漳江三角洲的漳州新城日益繁华，形成"杂卉三冬绿，嘉禾两度新"的昇平景象。

然而，世事沧桑，好景不长。景云二年（711年），陈元光当年平乱中镇压下去的雷万兴、苗自成后代复起潮州，欲报父仇，于十一月初五率兵奔袭西林村。探子来报，陈元光披挂上搁置多年的盔甲，率领营将马仁等轻骑出击。火田岳坑附近，两军相遇，陈元光拍马舞枪，直奔敌阵，但毕竟年事已高，气力不支，被蓝凤高卖个破绽，一刀砍伤腰部，因流血过多，救治无效而亡，时年55岁。将士百姓闻此噩耗，无不掩面痛哭，裹素举哀。在村子不远的大峙原，军民将陈元光遗体隆重入葬，捏像建庙，四时祭祀……

开元三年深秋，一个漆黑的夜晚。继任刺史、陈元光之子陈珦率领部将，夜袭敌寨。敌兵梦中惊起，仓促应战，敌将蓝凤高于忙乱中被陈珦所杀。陈珦报了父仇，根除战患，使漳州重新得到安定。在这暂时的平静之中，一场更大的灾祸从天而降，向新城悄然袭来。开元四年春，阴雨不断，云霄一带瘟神肆虐。西林村一天病死者十数人，最多时达数十人，恸哭声不绝于耳，送葬者不绝于途，愁云惨雾笼罩着这个闽南小城。面对这场劫难，人们除了向天虔诚祷告外，别无良策。一天，州里长者余恭纳率数人来到府衙，向刺史陈珦请求北迁郡治。陈珦采纳了长者建议，奏请朝廷获准，于当年把郡治迁至李澳川。

经过这么一场浩劫，西林村万户萧疏，满目凄凉，从此一蹶不振。那些曾荣耀一时的古建筑，也在风雨飘摇中逐渐剥蚀颓废。不知又过了多少朝代，经过繁衍生息，西林村又逐渐有了生机。元至元年间，漳州李志甫起义反元，总管同知陈君用为对付义军，曾驻军西林，重修故城。清康熙年间，郑成功部将蔡禄在这里拆故城建私寨……

滔滔漳江水，巍巍炮台山，目睹西林村这一幕幕历史变迁，我不由得记起清末进士、乡绅林镇荆《吟西林城》一诗："雉堞迷榕荫，鸠工肇李唐。人家通一水，估舶集千樯。丝竹庐山洞，糇粮洛口仓。尚书门第旧，凭吊话沧桑。"

漫步在西林村中，映入眼帘的那一座座古文物遗址，仿佛在向我倾诉那消逝的往事。面对着古西林城这些残破颓败的文物群，我不禁喟然叹息了。诚然，自然界的风雨，人世间的兴替，使多少珍贵文物荡然无存。难道这些标志着古漳州文明的历史文物，也要得到同样的归宿吗？不过，欣慰的是，西林村古漳州城遗址，已引起有关方面的重视和兴趣。也许不久之后，这里会出现一座和"宋城"漳浦赵家堡相媲美的"唐城"西林。而村里日新月异的变化，亦正焕发出发展进步、充满活力的古城新姿。啊！西林村，你这漳州的发祥地，过去，你孕育了漳州的文明。明天，你又将是什么模样呢？

次绥安

[六朝·宋]沈怀远

负衅酏良时，宽恩荷明牧。叨乘使者传，来按荒人狱。闽方信阻狭，兹地亦丰沃。苍山练万寻，涨海涵千谷。高秋桂尚荣，隆冬泉更焕。在昔汉世宗，开疆穷所欲。余善既辞师，建德乃伐木。番禺竟灰烬，冶南亦沦覆。至今遗父老，能言古风俗。阴崖猿昼啸，阳甸初熟。稚子练葛衣，樵人薛萝屋。矜尔为生微，诲予从不辱。

探寻历史遗存

5

陈王迁墓拨谜团

◎ 汤毓贤

　　云霄将军山为大唐归德将军、"开漳始祖"陈政暨夫人的安葬处。来到这座闽南文化名山，你不仅可以欣赏这天造地设的南国美景，还可以凭吊陈政这位历史巨人。而倘若你稍懂得堪舆之术，就会因置身这山环水抱、藏风聚气的自然景色而引发遐想。从远处观望，将军山两侧左右延展的山形呈现出恢宏的气势，右侧马鞍岭、左侧小将军拱护主峰，形成以将军山为中心的U状，与漳江出海口石矾宝塔遥遥相望，不正应合左青龙、右白虎、前朱雀、后玄武的"四灵说"？加上将军配马鞍，实在是一个难得的活地理和暗藏玄机的风水宝地。难怪开漳圣王陈元光葬父于此，会引出了一段离奇的"陈王迁墓"风水故事！

　　这段故事，散见于《云霄县志·丛谈》等地方志和谱牒中。民国三十六年云霄山美抄本《颍川陈氏开漳族谱》载："唐仪凤三年，男龙湖（陈元光）奉敕葬考处于云霄修竹里将军山。既而有术者指其地有王者气，龙湖公遂改葬于大溪社大峰山以避之。至宋徽宗宣和五年（1123年），陈将军役使鬼物迁葬考处于云霄将军山旧茔偏穴，坐庚向甲兼申寅。"解读这段文字可知，按"有术者"所言，将军山是有"王者气"的"天子之地"，一个会出天子、成就帝王大业的地方。没想到一句奉承话，却深深地触动陈元光将军。他处心积虑地营造坟墓，只是为了陈氏后代子孙能出人头地，压根儿没有据边称王的野心。但既然说开了挑明了，有讳于天子的事就该避免吧。虽然此地天高皇帝远，但欺君之罪可是谁也承受不起呀！于是，陈元光"遂改葬于大溪社大峰山以避之"。然而，他在漳江源头灵通山绝壁峰巅建坟葬父，是否实有其事？还是设置疑冢，以掩人耳目？从来没有一个权威的诠注。而至宋代，又编出陈将军用"偏穴"返葬父母的神话。由此，史学界众议纷争、莫衷一是，成为人言人殊的开漳历史之谜。

　　陈政墓俗称陈王墓、王爹墓或将军墓，肇建于唐仪凤三年（678

年）。这座始建于唐，兴盛于宋，衰微于元，败落于明末清初的陈王墓已湮废地下数百年，1981年始由群众自发重修，以红色斜线纹砖砌补、修复成风字形钟式墓。1984年10月，陈政墓修建筹备会清理墓前空坪时，发现了长方形砖砌建筑台基等古代遗迹和遗物，确定为原墓祭祀享堂基址。1986年11月，在修复主陵台工程中又出土一座由斜线、莲瓣纹等10余种花纹砖砌成的椭圆形龟背状封土堆和挡土屏围，方向70度。两次清理出土的考古遗迹，不仅仅有利于寻找史料与史实的内在联系，更为揭晓传说中"陈王迁墓"之谜，提供十分重要的实物依据。

1984年底至翌年初，福建省考古队主持享堂台基的清理。发现有上、中、下三层建筑遗迹的迭压关系。其中下层是铺红色斜线纹方砖的长方形台基，方向100度，后面残存甬道与台基夹角97度。中层是花岗岩条石台基，整体迭压于下层红砖地面上，并有一段纪年铭残石柱被发现，柱镌"嘉熙庚子（1240年）春建，坟前仪制十事。石匠黄顺、叶和、陈应，住庵净智，戒院僧自知，会首进士陈哲夫、陈緘"等五行楷体阴文。上层是晚期补砌的红砖地面及前后石甬道，前甬道方向113度，后甬道81度，迭压于下层红砖甬道上，上端残存砚窝石上6级台阶连接甬道，依山势往上迭砌，坡度25度，方向75度。1986年11月下旬，省考古队清理发现坟堆、挡土护墙和墓前平台遗迹，以及平台上文武石人、台基前马、羊、狮石兽和望柱等石象生仪仗残件，与中层

石砌台基所用材料风格和建造年代一致，可确定为宋建"坟前仪制"的组成部分。

从享堂台基清理情况看，中层台基迭压在建于生土层上的下层台基上，方向差1度，应有一定间隔年代。下层砖砌甬道与中上层遗存之甬道偏离20度以上，且与台基仅差3度，贴近中轴线方向，其年代最早，较接近陈政下葬年代。这说明原墓穴位置应在下层后甬道延伸线上。早年民间在清理探测中曾意外发现过青砖砌就的地下泄水道，极可能是原葬处的排水设置。由于上、中、下三层遗迹方向各异，中上层中轴线曲折，且上层折角最大。从地形分析，并非因地制宜，应是人为有意的设置。

既然《开漳族谱》有"旧茔偏穴"还葬陈政夫妇遗骸的记载，我们不妨人如下假设：下层台基砖砌后甬道的延长线方向为"旧茔"，那么与中层花岗岩条石台基相连接的上层石砌后甬道、台阶和1986年出土的龟背形封土堆，即为还葬陈政夫妇于"偏穴"的新坟。所以，方志与族谱并非凭空捏造。族谱收录陈元光役使鬼物还葬考妣于将军山旧茔偏穴处之记述固然离奇，但是，台基断柱南宋纪年铭是毋庸置疑的。可以认定，陈政夫妇还葬将军山是可信的。另从墓穴方向看，族谱记载"坐寅向甲兼申寅"方位，与现在坟堆方向完全吻合。可知谱内所载即是该坟，墓主人自然是陈政夫妇。

志书与谱牒对陈政迁葬大峰山记述颇详。新编《平和县志》增加《陈政疑墓》条目称，陈元光于垂拱二年（686年）在人迹罕至的大溪乡灵通山狮子峰顶建疑墓。灵通山又名大峰山，位于福建省平和县大溪镇境内，海拔1287米，峭岩壁立，层峦叠嶂，怪石嶙峋，飞瀑瑰丽。这座闽南名山是漳江的源头，向以山奇水秀石怪人杰而闻名遐迩。我曾对灵通山主峰狮子峰巅作过考察，并未发现墓葬遗迹，只是近年于此处立了块墓碑而已。按说狮子峰崖壁峭立，攀越困难，于此构筑坟茔实非易事。据此认为，受封建礼制约束的陈元光，在绝壁峰

巅设置疑冢以掩人耳目，是苦心孤诣的明智之举和两全之策。既忠君避嫌，又能在动荡社会不至于让父母遗骸受到侵扰。直到北宋宣和五年，陈氏后裔方托附开漳圣王神威厚望，公开整复始祖墓，并为避嫌而在原茔偏穴重新营建墓上建筑。南宋嘉熙四年，又于原址增建坟前仪制十事，总算圆满解决了还葬问题。

陈政夫妇还葬将军山，确实是陈氏后人于原茔偏穴处修造新坟的慎重举措。可以肯定，还葬时间已是相隔数百年且已改朝换代后的宋代，柱刻上的会首陈哲夫、陈缄进士都是陈氏后人，又是倡修发起人漳州知州李韶的同年。据载，陈元光死后，"庙食兹土，累封王爵，故父葬亦称陈王"。后世朝廷追封和官府支持，既让陈氏后人负起整修祖坟的使命，又使得坟前仪制设置，包括石雕造型、规模尺度臻于规范和完备，完全符合《宋史》丧葬礼志规定的"勋戚大臣薨卒，多命诏葬……坟所有石羊、虎、望柱各二，三品以上加石人二人"的仪制。更何况陈哲夫、陈缄进士于南宋嘉熙四年在祖墓前扩建仪制建筑，绝不会对着一座空茔大兴土木，而业经北宋宣和五年建偏穴新坟之百余年后，增其规制耗尽匠心精雕细琢始成。再则陈氏后人谣传陈元光役使鬼物迁回亲骸的神话，貌似荒诞，实蕴深意，既可堂而皇之地以"适时所需，受命于神"为托辞，为整修祖坟正名。又能巧妙避开"王气"而采用"偏穴"营葬手段，使官方乃至朝廷追究无由，这便构成墓葬布局不按中轴线对称设置的直接原因。

陈政墓是一处十分重要的开漳史迹，但由于谜象环叠的迁墓轶闻，使这座千年古墓陡然披上一层神秘面纱。朱熹夫子云："福人自葬福地，绝非人力可参与其间"，既然历史选择并造就了陈政王，姑且把整座将军山看作他灵魂的归属又何尝不可呢！而民间演绎如此扑朔迷离的风水故事，只会在后人眼中变得更引人入胜罢了。

饯友之绥安

[六朝·陈]顾野王

谷风扬暖律，扶旭开余霭。兰芽被平皋，冰澌泮微濑。悟彼芳岁新，惬此赏心会。丝竹邯郸倡，朋游邺中盖。贡桔伟含滋，仙鲻妙飞鲙。崚嶒眺广岳，浩漾穷溟海。众宾悦礼遇，远俗怀仙爱。操翰本非工，无讥比曹邺。

◎ 镇城兴文石矾塔 ◎ 南国风

　　昔日云霄远涉南洋经商者自海上乘船返回时，远远看到将军山雄浑背景映衬下的石矾宝塔，就知道将进入漳江口，离家门不远了！

　　孤悬于万顷波涛中的小岛礁中的石矾塔，位于云霄漳江入海处，地处东厦镇乌丘村与漳浦沙西镇石蛇尾之间的海面上。流贯云霄全境的漳江，经县城至佳洲汇合南、北港之水，闯过石仔关逶迤入海。广阔海面上，两岸南北岐山束腰对峙，俗名"牛相牴"。而由南北两条海沟在潮流作用下，将海涛卷起的白沫在海中央形成长达数里的白色飘带，犹如一条牛蝇拴定相牴双牛，归结于江心那块状若笋尖的小蓁岛礁，形成牛桩砥柱中流，名曰石矾。长此以往，此桩犹如华表捍门，镇守着云霄镇城东南门户，呵护着开漳圣地的文脉。是故明代人才辈出，科甲极盛。清初，郑成功占据海上，以福建东南沿海为抗清基地，同清军反复争战，这面石矾便成为"巨寇"船队系船避风的天然石锭。在风急浪高的一天，飓风狂涛致使笋石被巨船曳倒而震撼粉碎。自此勘舆者认为，笋石的消失致使漳江之水直泻入海、毫无回旋余地，不仅直接导致云霄地理受到破坏，灵气散而不聚，云邑文风不振；而且过往船只容易在涨潮时，容易被江心的岛礁撞沉。只有建塔海上，才能弥补缺憾。

　　康熙九年（1670年），云霄溪美进士陈天达募款在岛上建设一座小石塔。虽然塔身"高不盈丈、低小不称"，起不了补缺作用，却发挥了航标的功效。然而将文风鼎盛当做第一要务的文人士绅，更注重建塔兴文的功能。乾隆四十三年（1778年）底至次年初，云霄邑丞李维瀛相视地形，同云城诸生议增其制，准备扩建石塔，但因募款困难而中止。此后的百余年间，岛上小塔"倾颓缺陷。客过是间，辄流连叹息！"

　　嘉庆十九年（1814年）闰二月，崑山人王兰就任漳州府云霄抚民厅同知。当年夏，经振衣和尚倡议，监生方文郁、高文杰、吴文煜、高

应榜及"辅国将军"汤等5位诸生聚集于云霄紫阳书院议事，倡议用移建文祠募款之例捐建形胜石塔，以壮云霄舆图，促进人文蔚起、人才迭出。此议呈请王兰题序劝捐，诸生带头捐银为倡。其中方文郁捐银400大员，高文杰、吴文煜、高应榜、辅国将军汤氏各捐200人员，共募集资金4700多员。考虑到建塔受海潮影响，相议择于初秋时节建塔。同年八月，王兰调任，江苏无锡辛酉科进士、前署兴化府知府事、内阁中书协办侍读薛凝度接过云霄厅同知篆印。他一方面重视云霄厅学和紫阳书院的建设，带动了尊儒重教、大兴文风的社会风尚；另一方面接手筹划鸠工伐石，亲自督建云霄石矾塔。工程选定于初秋之月开工，延请石匠曾月川、谢琯负责施工，僧人振衣主董监工，役请工匠百人，历时4个月建成。

塔为楼阁式空心塔，通体均用花岗岩条石砌成。塔平面呈八角形，塔基周长22.2米，通高24.81米，共7层，逐层收分，塔壁厚亦逐层减薄。塔壁条石为一顺一丁砌法，每层分隔处以条石横铺叠涩出檐，八角各设飞檐。塔内以条石作螺旋梯通顶，每层均开设拱门，葫芦形塔刹。二层朝西的门额镶嵌青石横匾镌"斯文永昌"，右镌"嘉庆十九年八月榖旦"，左镌"赐进士出身前内阁协讲侍读、时授云霄同知薛凝度书"，下钤篆印2方。塔四周巉岩奇石，嶙峋怪异。塔礁被海水环浸，潮涨漫礁可直达塔中。塔右有礁岩尖如笋状，南侧有摩崖石刻"健笔凌空"，铭款"至堂周情"，为清咸丰九年（1859年）恩科并补八年正科举人、云霄厅山长周情书镌。薛凝度感赋《登石矾塔望京华》云："日月京华远，风涛海国秋。昨宵寻旧梦，犹绕午门楼。"，将一片忠君爱民之心付诸笔端。

石矾塔建成后，用余款在漳江北岸的白衣保石蛇尾渡头兴建码头，砌石级10余丈。为褒扬乡民好义、王兰倡捐及薛凝度督建之功，云霄义学掌教吴文林撰写《新建石矾宝塔捐金牌记》立于道左；又在漳江南岸乌丘渡头建津亭一座，薛凝度欣然命题亭名为"苍生待济"，并题跋曰："石矾塔工既竣，绅者以乌丘渡口行人待济，苦无以蔽雨风，请于官地旷埔建亭，并书数言。余甚乐乎一椽之亭，而往来其间者，已各得广厦千万间也。因落其成，而书以颜其亭。嘉庆甲戌嘉平吉旦。"

此后，"石矾砥柱"被评为云霄八景之一；这"龟蛇把水口"两端，也就成为漳海两岸游人对渡往返渡口。为养护石塔，经诸董事合议，决定变卖用于造塔的杉木及运石的船只，以所得300余金，修缮位于漳浦白衣保滨海一座近塔的废庙，由振衣和尚主持巡视养护宝塔，防止鱼工水师"尘秽相轮"。每年七月中元日，僧人必需于塔下作盂兰会超度百灵蜿蛇。

嘉庆二十年（1815年）一月，薛凝度调署鹭门。二月，王兰接任。次年四月，薛凝度复任云霄厅同知。他清理积案，力矫鄙俗，请设厅学义学，整理文祠，纂修《云霄厅志》，而政绩斐然。为解决僧人募化守祠护塔之苦，他饬令武生陈廷魁补纳乃父与叔尚未交清的捐银100两，交诸董事赎买田段以守祠护塔。同年十一月，"田既成价"，行将调任的薛凝度撰勒《石矾塔祀田纪略》碑刻一通，与云霄义学山长吴文林书镌的《新建石矾宝塔捐金牌记》并立于通往石蛇尾渡头前的大路左侧。

道光六年（1826年）十二月至次年六月，薛凝度第三次莅任云霄厅同知。他德政惠民，有口皆碑，尤其是薛公建塔兴文的善举更为民众所称道。光绪八年（1882年），云霄厅同知雷其达捐银40大员为倡，民众踊跃捐资，在监生汤光华、汤长和暨天后宫住持主持下重修苍生待济亭，镌碑《重修苍生待济亭捐金芳名》，连同"郡侯薛、雷公功德碑"嵌于"苍生待济亭"内壁，以彰扬地方官建塔倡文的功德。此塔建成后，清光绪二十一年、二十四年，福田社人林镇荆、三房社人张纲连中进士，被视为建塔兴文之果应和科甲兴盛之前兆。林镇荆亦感兴建石塔之灵验，慨作《石矾砥柱》一诗："文物城闉盛，洪涛水国寒。浮图高耸处，权当笔峰看。"

石矾塔与云霄将军山遥遥相对，一座坐镇山陲，一座雄居海天。立于将军山巅南望，漳江奔流，大海波涌，石塔屹立江心，形同健笔兴文。这座设计缜密、构造合理、坚固宏壮的石塔，堪称我省明清时期石构建筑的典型实例，更成为海峡两岸云霄籍同胞联结乡谊的文化胜迹，镇城兴文，指引迷航……

紫阳书院毓人文

◎ 施丽云

朱熹，字元晦，又字仲晦，号晦翁，别号紫阳、云谷老人、沧州遁叟等，是南宋哲学家、教育家，理学的集大成者。因谥号"文"，被后世尊称"朱文公"，故紫阳书院又称朱文公祠，俗称文祠。云霄是漳州历史上紫阳书院兴盛的地方之一，只因朱夫子知过漳郡，勤政中不忘传道授业，教化治学，令漳属民众赞赏有加，而庆幸有此"邹鲁渊源"。

追溯这文祠的由来，最早自明嘉靖间建于漳州故城西林五通庙西北侧，春秋二祭朱文公。后随着镇城的兴起及云霄政治、经济和文化中心的迁入，紫阳书院历西门外、北门外二次迁址，建成于城内水流沟边。

听老一辈说，云霄镇城紫阳书院原建于万历四十二年（1614年），址在镇城西门外小山之麓，祀南宋大儒、理学家朱熹，配祀其高徒黄勉斋、陈北溪及前明太守施邦曜，以崇正学，以表循良，有工部尚书西林人蔡思充作记。清初郑成功奉南明正朔，兵燹所殃，冲荡了学子的求学梦。康熙三十五年（1696年），浙江鄞县进士陈汝咸出任漳浦知县，在漳浦、铜山延师大兴义学，云霄镇城闻风而动。经陈汝咸允准，推岁贡生吴璐执教，首开云霄义学先河，并将重建紫阳书院及义学舍房提上议事日程。康熙四十六年（1707年）冬，陈汝咸捐金为倡，次年于北门外购地重建朱文公祠。在兴工备料时，将奉调南靖的陈汝咸拨给公溪泥泊税为祭典、义学师生膏火和诸生赴乡试之资；复拨深垄八分铺军田为祠内义田，外加诸渡船税费。陈汝咸感其令漳浦十二载，任内仿先贤遗意，吏斯土之责，兴义学之举，慨作《重建云霄朱文公祠引》。汪绅文接任漳浦县令后，继董其成。历13年后，得缙绅捐资，增建后楼为义学址，中祀施邦曜和漳浦县令陈汝咸、汪绅文，以及著述《诗经衍义》，阐发朱子理学精义的明贵州道监察御史莆美人江环

等"四先生"。溪美进士陈天达应请，欣作《云霄义学记》。

鉴于书院地处僻野荒凉的镇城北门外，云城贤达佥议移址城内。乾隆三十八年（1773年），由贡生张蓝玉首倡，择址望安山西南水流沟边兴建新址，后置学舍3间，工程历时4年，耗银2000余两。邑绅高云水向大学士蔡新求征《移建朱文公祠记》，勒碑立于墙外。嘉庆六年（1801年）仲春，郁林进士李承报接任云霄抚民厅同知，又决定于书院东侧隔巷拓建学舍。当年冬耗银180两，购得院内民舍；次年春花银30余两，增拓一堂两室及东侧一厢房，以备厨房之用。平连6间，甚为宽绰。后改建为中进正3间，以祀朱文公；中进侧阁，配祀文昌帝君。其下去墙设屏槅用于讲学修习，祭祀时撤屏序拜。东面新建舍房作诸生诵读室，并将书院配祀的"四先生"供入学舍，并由掌教吴蔚其提请李承报作《新拓书院学舍记》。嘉庆十九年，无锡进士薛凝度莅任云霄抚民厅同知，为义学清理税额，广征捐银，增设肄业生童膏火，制颁《书院延师考课章程》，使书院延师考课有了资金保障。嘉庆二十一年，薛凝度再议添设学校。随之人文蔚起，人才迭出，民众感恩戴德，在学舍增祀其牌位。云霄镇城尊儒重教风尚，使一向重视教育的汤氏聚居地列屿，也于嘉庆二十三年兴建一所紫阳书院于剑石山上。

同治初年，举人周情任云霄厅山长，聘请贡生吴分瑶掌教书院，望日评课给奖。同治三年（1864年）九月，太平军余部攻占厅城，云霄教育惨遭重创。同治五年六月至八月，在同知章辅廷重视下，书院义学得以复兴，他便成为入供书院的"六先生"。由于址邻厅署，书院学舍常作为邑宰官邸或临时住所。光绪四年（1878年）八月，山阴举人秋嘉禾携眷莅任云霄厅同知，寓居"六先生"学舍。次年其孙女秋瑾出生。光绪十五年五月，秋嘉禾再次到任，秋瑾于此读书识字，深受书院环境的熏陶历练。光绪十六年八月，倪惟钦接任同知，再历四载励精图治，社会发展、教育进步、惠政卓著。缙绅民众又供其牌位入祠，是为"七先生"。再经全面整修，学舍书匾"七先生祠"。所幸的是，历经多年的风雨沧桑，这座诞生和孕育过民主革命烈士秋瑾的云霄紫阳书院竟奇迹般地保存了下来，成为省级文物保护单位和县里一张文化名片。

也许是其传统教化功能的强力辐射，民国初年废科举办学堂，紫阳书院仍作学舍。1930年，县立云霄初中校友于此创立醒云小学；1933年易名县立乐育小学；1943年改为堂前保高级国民学校。1949年12月，县政府接管公办小学，改堂前小学为第三小学；1952年在祠前增辟校舍，增设三小幼儿班。1955年，第三小学更名第二小学；1962年改为云霄师范附属小学。附小移址后，书院仍是我1970年代末就读幼儿班的学堂。

泉源涓涓，润物无声，书院已经盛名天下，桃李芬芳。"万古儒林资树表，千秋俎豆寄云霄"，诚然，朱子重伦理道德的理学灵气仍氤氲于漳水云山之间，也许确是人文古迹之固有灵魂使然吧？家乡这座书院，令我自豪！

漳州新城秋宴

[唐]陈元光

地险行台壮，天清景幕新。鸿飞青嶂杳，鹭点碧波真。风肃天如水，霜高月散银。婵娟争波眼，廉洁正生邻。东涌沧溟玉，西呈翠嵝珍。画船拖素练，朱榭映红云。琥珀杯方酌，鲛绡席未尘。秦箫吹引凤，邹律奏生春。缥缈纤歌遏，婆娑妙舞神。会知冥漠处，百怪恼精魂。

探寻历史遗存

◎ 清漳重镇话云城 ◎ 汤毓贤

　　云霄北通漳浦、平和，南襟诏安、东山，地处漳南闽粤交通要塞。唐初，归德将军陈政、陈元光父子奉旨南征开发闽南，这里是始发处，有开漳圣地的美称。发源于平和大峰山的漳江汇百涧之水，由南北二溪清浊成章，汇于下楼，流经云霄平原东注入海。东西大臣、将军两山对峙，环抱着这方圆万顷的冲积平原，是一处背山面海的开阔盆地。位于望高山下云霄镇城的兴起，是社会发展、人口增长与寇患频仍的产物，也是集镇发展和城市保障的必然要求。

　　《云霄厅志·城池》载："云霄镇城为陈玉钤驻镇旧地"。陈元光《落成会咏二首》云："云霄开岳镇，日月列衙瞻。"位于梁山以南七闽百粤之交的云霄，南朝属绥安县地，为义安郡（治所在潮阳）辖区；隋朝并入龙溪，属泉州（今福州）管辖。唐垂拱二年（686年），陈元光开屯梁山之南，漳水之北，奉敕于屯所建漳州郡，领漳浦、怀恩二县，以漳水南北划界，漳水以南之怀恩县即为云霄地。开元四年（716年），陈珦以地多瘴疠，北迁州治于李澳川，漳浦随州徙。开元二十九年，裁怀恩入漳浦，云霄尽属漳浦，为漳浦驿地。北宋为安仁

乡浦东里，设临水驿，驻西尉。南宋乾道三年（1167年），设云霄铺，驻铺军于望高山下。元至元六年（1269年），为防御寇患，漳州路同知、"南胜伯"陈君用修筑西林石城堡，并初议设云霄镇城。至治间，云霄望高山之东南麓（今望安山）设云霄驿，派驻驿丞，以接待过往官员、传送文书物资等，因称驿后山。

明朝初年，社会经济与集市贸易的发展，激发了人口增长，加上云霄平原土地肥沃，交通方便，不少人搬出西林城来这里另辟新居。时南中国沿海倭患横行，洪武十一年（1378年），云霄驿丞署建置，南诏驿丞黑中于此兴建官衙。越九年，江夏侯周德兴为加强防御力量，在漳州海岸线设卫防倭，置镇海、铜山、六鳌、悬钟4座石城，构成捍卫海疆的坚固防线。而云霄集镇地处防区外，常为海盗流寇搜掠的目标。成化十年（1474年），云霄驿丞署倾圮；三年后同知蒋瑢复建。官署的设立，民心有所依归，庶民纷纷于驿后山南署衙前辟创居所，逐步建成以云霄驿地为中心，呈放射状分布的聚居群，一直延展到沿江冲积成平原，形成烟火千家的村集。

然而，民淳物阜诱发盗匪频起，加上倭寇侵扰，官民将建城提上议事日程，但因筑城功力浩大而作罢。每遇盗寇侵扰，云霄富户挈家迁往铜山避难，一般民众则坐以待毙，苦不堪言！正德二年（1507年），山寇朱廷英劫掠云霄。富户吴瀚（字子约）挈家客居铜陵，备受流寓之累。他不忍见家乡父老常遭寇患侵扰，加上思归心切，决定出资纠众自设城堑。正德七年，众人砌土为墙，打造了这屏障一方的漳南重镇。

嘉靖五年（1526年），历台风暴雨，土城倾圮，形无设防。嘉靖八年夏，福建布政使陈锡、副使范永銮及漳浦知县周仲采用义民吴子濡的建议，重新筑以石城。嘉靖三十九年（1560年）五月，饶寇张琏率部2000余众陷城，城中为墟。隆庆六年（1572年），漳州知府罗青霄、同知罗拱辰增埤为高，更于南北西三门各筑盘城，进驻漳州府同知。万历二年（1574年），增驻海防同知。万历二十年，再驻捕盗通判。万历四十年，镇城倾圮，同知吕继梗拨付从南、北江滩涂地及竹塔村外海的中洲大涂征收的公溪泥泊税银260两重修石城。崇祯九年（1636年），镇城再次修葺，漳州通判朱统钪为东门题额"清漳重镇"。

清顺治元年（1644年），云霄镇城驻镇守总兵官，后改营驻参将。时山寇徐连、叶积继乱陷城，原驻城总兵移入莆美城，再移驻西林城。顺治三年十月三日，清征南将军贝勒蒙罗既平闽粤，传檄漳浦

探寻历史遗存

举邑归顺，云霄随之属清。五年三月，海寇方玉等陷城；六月又陷于潮寇。次年十月十八日，郑成功舟进云霄港，由白塔登岸，参将张国柱、中军守备姚国泰死拒不敌，城被攻陷。十一月，漳镇总兵王邦俊、副将王之刚调各县守军收复云城。顺治七年十一月，郑成功攻陷云霄莆美城，参将包泰兴自缢。次年十二月，原漳浦守将陈尧策引郑成功部前冲镇万礼（张要，字春宇）从旧镇攻占云霄城。顺治十一年九月，郑部"永安伯"黄廷诱杀游击蔡恩，再次陷城，各县归附。云霄镇城由郑部驻扼，直至次年十二月恢复。

顺治十七年（1660年），闽浙总督李率泰巡视沿海形势，认为贼寇每次进犯诏安、漳浦，必自铜山入据云霄，阻截官兵驰援，战略地位十分险要，于是开辟了9县1镇（本邑）民夫划界分筑云霄镇城的壮举。随之，驻防云霄的总兵、参将从西林移驻城内。次年六月，郑成功部将万七蔡禄、万二郭义因不满义兄"建安伯"万礼的神主牌被撤出昭忠祠而毁铜山千户所城，带部众万余人入云霄降清，被授予总兵官驻守镇城。

康熙十八年（1679年），清廷于镇城增设云霄营，分防梅洲。二十年，裁云霄参将改驻游击，在原吴氏大宗设衙门，称游府署。康熙二十六年，洪水冲坍本已残破的城垣。三十五年，移驻盘陀岭巡检于云霄。四十二年，漳浦知县陈汝咸以镇城原属9县划界分筑旧例请修镇城未获准，慨然捐俸修葺城墙。四十六年，洪水冲垮城墙49丈，窝铺、马道倒塌大半。五十年，漳浦知县汪绅文捐俸再次重修。雍正十二年（1734年），漳浦县丞移驻云霄镇城；次年熊承纯莅任，但仍为漳浦县属镇。乾隆二十一年（1756年），裁云霄驿丞，驿丞署遂废。三十八年，漳浦县丞张士榕维修镇城。四十年，平和县令蔡承烈奏割平和地建云霄县被驳回。

嘉庆元年（1796年），城东南以外的郊原已发展为密集住宅区，云霄已成为烟火数千家的大集镇。福建巡抚姚棻以云霄地当浦、和、诏三县要冲，奏割平和、诏安部分属地并云霄30保另设行政区，改南胜海防同知为抚民同知移驻云霄。嘉庆三年四月，清廷获准设立漳州分府云霄抚民厅，厅署设于原县丞

署。城内设立镇城保，辖全厅57保，开创了云霄始有地域分界的先河。自此，人们在富足生活中完全缺乏实战洗礼，修城固御之举也不再受倚重，听任城垣坍塌尤甚。

咸丰三年（1853年）四月十四日，云霄岳坑义兄会陷城，会众簇拥生员朱翔入衙登堂，布告安民。次年，义兄会在清军镇压下撤离云霄，修城固御被再次提上议事日程。咸丰七年，同知段喆率众加固石城，并于外围环筑附城土堡，设门楼若干，形成自东门沿城壕经水月楼、田仔墘、经堂口、沈厝埕、楼仔脚至西门寨的城区新格局，将镇城、镇东、镇南、高广、溪尾、宫前、新福、广庆诸保纳入城内，形成内外相维的防线，并题匾"雄镇漳南"。同治三年（1864年）九月二十四日，太平军南方余部攻陷云霄厅城，同退守莆美城的官兵民勇进行长达7个月的拉锯战，城郭遭到严重破坏。后历经宋文斐、张士勋、章辅廷、曾近三、俞林、殷执中、觉罗三照、俞绍灯、雷其达、欧阳骏、祝永清、黄运昌、黄兰及秋嘉禾等云霄抚民厅同知多年的励精图治，民众休养生息，经济逐渐复苏，社会稳定发展。

民国二年（1913年），临时福建省议会同民、财两司暨漳州府知事蔡风禨议定，改云霄抚民厅为云霄县，隶属于福建省第五行政区。1923年六月二十四日，粤军林虎、洪兆麟、黄大伟等部攻陷云霄城，劫掠两月，死伤数百人。1927年，云霄方、张、吴三姓大械斗，私拆城墙各建炮台，死者90余人，满城千疮百孔。次年四月，陆军49师师长张贞进驻云城，拘办家长势豪，拆平炮台城墙，大举改造旧城，铺设了旧米市至滨江街马路，两侧规划建筑二至三层共墙链接的临街西洋式五脚距砖木骑楼。形成前店后厝、商住合一、熔西式拱券与中式横梁为一体的民初商业街道建筑模式，取名和平路，由此带动云霄集镇商贸的活跃和这一商业区至今80年的繁华。

探寻历史遗存

◎ 清代云霄航运业的繁荣 ◎ 卢国能

　　云霄是1300多年前陈政、陈元光开发闽南、始建漳州的故地。陈元光《龙湖集》有诗云"山畬遥猎虎，海舶近通盐"，可见唐朝时云霄就已有船舶运输了。

　　云霄港位于漳江出海口两岸海域，港深坞静，人称"状元港"，航运历史悠久，历尽风浪、海盗、战争考验而兴盛不衰，名扬闽粤，在福建航运史上，有着不可忽视的地位。历史上云霄港码头主要集中在城关漳江右岸及下游高塘、东坑一带。清代至民国时期航运繁忙，码头林立。北航线通航福州、温州、宁波、乍浦、上海、天津等埠，南航线通航汕头、广州、香港等埠，东航线通航台湾、日本。

　　云霄航业界与商界溶为一体，全部帆船均属商户所有，自家船舶，自家资本，自家营运。在整条航线上，船到那里，生意就做到那里，买进卖出，把船只当做流动的商店和仓库。据方石麟先生《云霄航运史话》记述，云霄航运业的船舶主要有内山船、西林船、潮仔船和整北船。

　　内山船明代称"圆柴船"，载重1吨左右，航行于漳江上游各支流。

云霄港东坑码头

云霄港高塘村码头旧址

西林船，明林偕春《云山居士集》称"开口稳底崎头船"，又称"平底船"、"下溪船"。载重1.5吨，载客25人左右，航行于漳江中上游。客运船设拱形竹篷为盖，从西林、莱埔、莆中、下河、峰头，直至新林、车墩。运出水果、农付产品、柴炭、稻谷，运进工业品、食盐、烘泊、化肥等。

高塘村码头附近的寅钱寺

潮仔船是漳江汇海运输船舶，因趁潮汐行驶得名。按型体有"三角仔"、"翘仔"、"艚仔"、"梭仔"、"红港鸡仔"等名称，《云山居士集》称"感顶艚船"，用于客货运、捞贝壳(烧制壳灰原料)及外海捕鱼、钓鱼，统称商渔船。船体置竹篷遮盖，挂帆行驶，载重3至10吨不等。《云霄厅志》载，嘉庆十九年(1814年)共有商渔船104艘，梁头7尺以上及7尺的单桅浅底船为"通字号"，7尺以下5尺以上为"济字号"，5尺以下4尺以上为"祥字号"，4尺以下为"和字号"。

北船载重1000至200多吨，俗称"大北船"。相传宋时已将云霄烧制的"洞仔"(陶罐)运销北方。明代运豆酱、茶油至台湾，运红糖、龙眼干、荔枝干、茶叶、茶油至温州、台州、宁波、乍浦、上海，并运回布匹、棉花、棉纱、豆饼(肥料)、干果、天津高粱酒、绍兴腐乳、梅干菜等，对南北物资交流起了很大作用。清道光、咸丰间，中柱村方明拥有北船7艘，婆娑天津人氏，后世称"天津妈"(祖母)，说明云霄港常与北方贸易往来。

北船吨位大，船员配备多至16人。其中舵公1人，出海1人，财付1人，伙夫1人，水手12人，全部由老板聘用。主持业务的"出海"，买卖经营由其定夺拍板，是实现经营利润的关键人物，最受老板器重，薪金特别高。清末民初比较有名的有方宗仪、方水平，很受尊重，称其"宗仪出"、"水平出"。

早期云霄整北船("整"是经营的意思)，多是乡村的。如下坂、渡头、中柱等村都有整北船。当时溪港深，北船可直接驶至渡头村靠岸。比较出名的有下坂的张大顺(铺号)，中柱的"九鲨明"。大顺号船身黑色，雄壮扎实，一向安全顺风，人们称它为"乌驴公"，以拥有10余艘木帆船而盛极一时。由于经营北船利润大，城关10余家商户也相继置船。后期较出名的有郑源德、徐兴记、方利和、方义利、吴源兴、方豫章等。方利和的"金进顺"号远航山东、天津，营利可观，后在

探寻历史遗存

天津大右岛触礁，船破人亡。

乾隆、嘉庆年间，云霄岳坑村人朱渍拥有一支庞大的船队，亦盗亦商，冲破了清朝海禁，往返于天津、上海、宁波、福州、厦门和台湾等商埠，发展海上商运，被清廷蔑称为"江洋大盗"。清军水师多次进行海上剿击，仍不能阻断船队商运及与沿海民众的来往。朱渍为保护自己，也造巨船，装置武器，增强商运中的自卫力量。船队拥有3300多人，船42艘，钢（铁）炮800余门，成为称雄海上的云霄海商集团。嘉庆十年（1805年），朱渍公开起义抗清，聚众2万多人，被推为镇海王，进屯台湾淡水、凤山、宜兰等地。嘉庆十二年（1807年）十二月初，船队在台湾海峡海沟深处的黑水洋与清军水师发生激战，对击中打死水师提督李长庚，朱渍也因座船中炮裂开而淹毙。

云霄港对台贸易十分兴盛。清政府统一台湾后，云台恢复通航、通商。据高塘村寅钱寺碑文等文物资料记载，清代中后期，云霄对外、对台商运的商船有100多艘。云霄设饷馆从台湾运进稻米，起初由"渡台班兵商哨协载"，后由民间商船运入，还规定粮商"每船配百八十石为内地兵粮"，每年"皆在白露后北风盛时棹台谷二万四千余担"。

嘉庆以后，侨居东南亚各国的云霄籍人回乡省亲日益增多。其中不少被称为"客头"有行商，回乡时收购土产，如观音串、枸杞等药材及咸金枣、陈年萝卜干运往国外。进口货物有染色布、印花布、粗斜纹布、土耳其红棉布、印度棉花和棉纱，以及铁条、铁丝、铝、锡、水银。还有台湾花生饼，爪哇油饼等肥料。此后，鸦片也是大量进口物资之一。光绪年间，出口物资增多，除原来的品种外，还有蜜金枣、银鱼干、屿屿咸糕、烟丝、粗纸、面线等农副产品。

光绪十一年（1885年），云霄商船与台湾淡水、基隆、高雄、安平4个口岸进行直接贸易，云霄商船经铜山海关监管征税后，从云霄运去银鱼干、中药材、茶叶等土特产商品，又从台湾运来大米、白糖、花生饼、化肥、煤油、火柴等。从事云台贸易的商船叫横洋船，也叫"过横船"，实际上是船头行，专营台湾生意。台湾航线叫做"过横"、"横洋"的航线，船主在云霄和台湾都有商务联系，据《云霄县志》卷35《云台关系通航通商》载："云台两地年贸易额白银近200万两"，对台贸易十分热络。

寅钱寺牌匾

天地会故乡之游

◎ 周育民

天地会又称洪门，是我国清代以来影响极大的秘密结社。在太平天国时期、反洋教斗争以及辛亥革命时期，都起了重要的作用。孙中山先生为了利用会党这支力量，也曾加入洪门，担任"洪棍"的职务。在南洋、北美以及许多有华侨的地方，都有洪门组织。今天的致公党，其前身就是美洲洪门致公堂。但是，对于天地会的起源问题，由于史料的缺乏，一直没有解决。有的说

是郑成功在台湾创立的，有的说可能创立于四川，天地会会簿自称创立于康熙十三年，还有的则根据档案记载认为是洪二和尚万提喜于乾隆二十六年创立于云霄县。

观音亭是洪二和尚万提喜传会的地方。乾隆年间林爽文在台湾起义，清政府第一次听说有天地会这样一个秘密组织。经过严密追查，才发现这一支组织源出万提喜。当时万提喜已经死了，就把他的儿子行义从观音亭那里抓起来处死了。观音亭原有三间，塌了一间，今已略微整修过，除门墙换用石料外，其余基本上都是原来的。加上院子，全部建筑面积不过六七十平方米，是闽南常见的小庙，里面供着观音菩萨。或许当地人已经知道了这座小庙的历史，又在侧墙置放了万提喜的座像。据说这里是漳江三条支流的汇合处，江水流去一直冲到高地的下面。天地会中有一副著名的对联：

地振高岗，一派江山千古秀；门朝大海，三河合水万年流。

造化之神，竟然成了这一历史遗迹千古不朽的佐证！顺便说一句，天地会的别名"三合会"，就是典出"三河合水"。

高溪庙是天地会文献中经常提到的"圣地"，所谓"五人结拜在高溪"，就是说洪门五祖在高溪庙结义，创立天地会。这又是康熙十

三年他创立天地会说的一个旁证。高溪庙的气派比观音亭大得多。虽然旁边的几间厢房已经坍塌，但庙宇本身的建筑面积就达一百平方米，基本上完好，里面供着开漳圣王的像。因为郑成功当年在这里进行抗清斗争时曾到过高溪庙求过神，因此，这位"国姓爷"也在这里受到供奉。

庙后的群山，那低谷的地方就叫粪箕湖。闽南话中，"湖"是指低谷。稔于天地会史料的秦宝琦不禁大喜，他说："天地会簿中讲万云龙葬于粪箕湖，我怎么都不理解，湖里怎么能葬人呢？原来在闽南话中有这样的意思。"这位"万云龙"，在天地会文件中被奉为五祖的大哥。相传五祖立会之后，遭清军追捕，万云龙挺身救援，不幸遇难。

我们参观了万提喜的葬地——仙峰岩。经过驰名中外的远古人类刻字崖，便到了仙峰岩——一座尼姑庵。庵里的尼姑们十分热情，带我们去了原来和尚们的葬地萝藤底。萝藤底是一个很小的山洞，万提喜死后，他的骨殖原来本是放在这里的。清政府抓到行义后，为了滴血验亲，把他的骨殖取走了。我们默默地向这位反清志士致哀！有一点应该很清楚了，与天地会创立传说有关的人物，出现在漳州地区；有关史迹、地名，也是集中在这一地区，这不恰恰说明这里才是天地会真正的故乡吗？

◎ 风雨树滋楼 ◎ 张耀宗

　　树滋楼位于云霄县和平乡宜谷径村，土楼地处盆地的村落中部，周围峰峦叠翠，树木葱郁，环境优美，视野开阔。宜谷径村为高氏族人聚居之所，鼎盛时期住有30余户约200余人。清乾隆五十四年（1789年），乡绅高文杰创建树滋楼，历18年，即至清嘉庆二年（1807年）始成，由于楼基建于沼泽田上，仅夯基一项，就近3年之久，工程前后耗时18年。

　　楼为通廊式与单元式相结合的大型民居建筑，座南朝北，平面呈圆形，直径50米，周长157米，占地面积约计3200平方米，建筑面积1962.5平方米；楼外环绕高低两道护楼沟，以河卵石铺砌，楼北侧大埕前开一方形抹角洋池。土楼仅为单环，高3层，通高14.36米，墙厚1.71米，逐层收分，以花岗岩青石为基，入地盈丈，楼基至二层墙体的一半为块石砌筑，上部墙体以三合土夯筑，第三层以红砖叠涩出檐，上覆双坡顶屋面。从楼外立面看，二层各开一竖日形石窗，三层每间房各开一方形窗户。底层虽然不开窗，但在各单元位置均开设传声洞，外小内大呈漏斗状，可供楼内外传达讯息之用，同时作为枪眼进行防御。整座圆楼只于北面辟一道大门，门额上嵌有一方石匾额，镌楷书"树滋楼"，两侧镌 "乾隆己酉年吉日建"、"发宁"字样，下勒篆印两方。楼门两重，外门方形，用磨光的花岗岩石密缝摆砌，镌联曰："敦诗说礼愿为邹鲁之良，凿井耕田长享盛平之福"，门簪分镌朱文"书礼"、"传家"篆印，体现着劝勉族人立身处世的道德规范与经世致用的现实精神。内重门楣呈拱券顶，大门位置的二楼备有消防槽孔，倘遇火攻楼门，可灌水扑灭。

　　楼在大门位置的单元辟公共通道，依墙东侧砌一神台奉侍福德正神。楼内的南侧正中单元设公共祖堂，其他单元均为楼内居民住所。全楼28个单元紧密相连，总计6厅78间房。每单元前廊环楼相连，设有

简易梁架；单元间以夯土墙隔断，单元内部备楼梯上下，至二、三层向内开设内通廊连接全楼；通廊架以穿斗抬梁混合式木质梁架，地面铺设木楼板。楼内圆形天院的偏西处凿一水井，可供全楼群众饮用。院内天井直径27.76米，全由河卵石及不规则平面山石从圆心呈环状向外铺饰，石头青白相间，拼花图案严谨。站在楼中心发声，会有强烈的共鸣回响效果。土楼设计科学，结构十分牢固，防御设施齐备完整，历史上虽曾几经自然及人为破坏，仍安然无恙。1918年，广东南澳地震，全村倒屋60多间，仅将楼北墙顶部震裂一道小缝隙；1923年农历六月二十四日，粤省军阀林虎、洪兆麟、黄大伟所部劫掠云霄城两月，围攻楼堡不破。在民主革命时期，具有光荣革命传统的云霄县和平乡宜谷径村群众，在中共闽粤边特委和云和诏县委的领导下，配合闽南红军凭借坚固的树滋楼内外坚持斗争，在闽南革命斗争史上留下一段"炮轰树滋楼"的传奇。楼外墙残存当年的炮痕，仿佛在诉说这些脍炙人口的故事。

1934年中央主力红军长征。国民党反动派调来中央军、地方保安团和地主民团向闽粤边界苏区发动疯狂的进攻，企图彻底摧毁红色革命根据地。为适应抗日形势的需要，1936年，中共闽粤边特委将原独立营改编为中国人民红军闽南抗日第一支队，红三团改编为第三支队。红抗第三支队攻打白泉村失利后，为筹集粮饷、解决冬衣、解救同志，闽粤边特委于8月下旬召集红抗第一、第三支队领导人决定于9月3日袭击云霄县城，牵制国民党军队大举进攻平和翁仔石山等游击区。红军突袭云霄县城后，凯旋部队在返回乌山根据地途中，留宿于宜谷径村。国民党云霄县长孙永年探悉这一情况，连夜电告上峰火速发兵助剿。次日，国民党军队75师金团长带领一连兵力直奔宜谷径村。

侦知敌军突袭而来，卢胜的队伍全部撤往乌山。大敌压境下，村中长者将全村群众及牲畜全部移入树滋楼，立即紧闭楼门，铺砌于底层各单元门前30条战时备用阶石，把门洞堵住。随后清理水槽，汲水备用，防患火烧楼门。楼内10多户村民腾出房间，让楼外乡亲居住，共度艰危岁月。金团长到达村外，见楼门紧闭，以为红军躲藏楼内。立马撒开队伍，占据村前村后7处高地，把树滋楼围个水泄不通。接着喝令开启楼门，交出红军。几次喊话鸣枪，楼内仍然一片寂静。两天过去，楼门紧闭如故。第3天，金团长调来迫击炮，轰击炮弹30多发，炸死炸伤楼内民众3人、耕牛7头及家禽无数。金团长眼看围攻无法奏效，就请来德高望重的乡绅高荣贵、吴凤庭出面调停。此时村民已被围困4昼夜，生命财产受到严重损失，只得同意与乡绅对话。村民用米箩将高荣贵从三楼窗户吊进楼内协商，同意接受两个条件：一是楼内保证没有红军，如有必须交出，但需由高荣贵出面担保。二是国民党军队保证不抓平民百姓，确保群众生命财产安全。

在高荣贵竭力沟通下，11日上午9时，楼门开启。楼前广埕两侧2挺机枪严阵以待，随时准备弹压。村民依次走出楼门，逐个接受检查。游击队员高金山隐匿在村民中，没有被发现。牢固的三合土圆楼以其良好的防卫性能，发挥了战时防御作用。至此，历时7天7夜的围楼事件宣告结束，宜谷径村民保卫树滋楼树的事迹，被传为佳话。这座易守难攻、高大厚实的树滋楼，折射出闽南人民追求太平盛世，渴望享受敦诗说礼、凿井耕田般安谧生活的朴素态度，又是他们坚韧不拔、众志成城地保卫家园、捍卫和平的文物载体。云霄民众在血雨腥风下抵御战争、维护安宁的抗暴御侮精神，将生生不息、薪火相传！

◎ "菜埔老爹" 张士良   ◎ 逸 轩

　　菜埔堡的倡建者张士良是一位明朝遗老。他隐居平和灵通山后，同追随郑成功从事反清复明的"万姓集团"交往甚密，又与清初秘密结社有着一定的渊源关系，其经历见证了明末清初闽南错综复杂的社会历史状况。

　　清道光《平和县志》载："张士良，号起南，万历己未进士。先补贵池令，后尹太和，分闱取士，江右称服，升户部郎中。出守宁波时，倭寇为患。士良既莅任，措饷调兵，设法备御，郡以宁谧。至雪浮尸冤，剖孝妇之狱，多异政焉。"张士良（1578—1664年）号起南，字思元（源），福建省云霄县火田镇菜埔村人，生活于明末清初内忧外患、动荡不安的社会背景中。他出身儒门，家道贫寒，少年刻苦攻读。明万历四十年（1612年）中壬子科高宗谷榜为举人；万历四十七年（1619年）中己未科庄际昌榜为进士。初任安徽贵池县令、太和县令，不久调任礼部试同考官，取士为众所服，升为户部郎中。崇祯三年（1631年）调任宁波知府。时倭寇侵扰中国东南沿海，他调任宁波知府，筹饷练兵，抵御倭寇，使郡城得以安宁。又整饬吏治，关心民瘼，明断悬案，照雪沉冤，惠政卓著。崇祯七年，迁任河南按察司副使，兼大梁兵备道，驻河南信阳州，为正四品官衔。不久因群雄蜂起，时局动荡，遂于同年夏秋间致仕归里。他返乡后一面为其岳父庄诚斋夫妇筑墓于马铺凤仙墩，一面着手倡建菜埔堡以防范寇盗。事竣后隐居于平和灵通山潜心修佛，直至清康熙三年（1664年）逝世，安葬于平和安厚乡后坪山之原。

　　菜埔堡的兴建，与张士良出守宁波的经历有关。云霄位于中国福建东南沿海，地当闽粤、浦诏之交，在漳南的战略位置十分重要。自明弘治、正德年以来，这里常有山寇海盗出没。特别是明中后期，沿海倭寇多次到云霄镇城抢劫。就是北距云霄城5公里，原属平和新安里辖区的菜埔村，也不能幸免。黎民百姓苦于寇患，苦不堪言。曾在宁波出任太守，在抗击倭寇斗争中积累防御经验的张士良，出面筹资于漳江之畔建筑深濠高墙的菜埔城，环护该村张氏一族数百户人家。

菜埔堡略呈椭圆形，三合土夯筑，周长约500米，城墙依地势而建，高5—10米不等，最高为3层，外墙基厚0.7米，内墙厚0.4米，墙顶城垛列布。南、西、北三面城基在不同距离之间，有数处单向曲凸建筑和一处马面布局。堡外从北面引漳江上游水流绕护城墙。堡辟东西南北4门，均筑城楼，其中北门额题篆书"拱极门"。北门外1.3米处，有天启五年（1625年）敕建的"贞德垂芳"坊。坊表为石结构，由四根抹角方形石柱承贯，石阙顶，脊首雕圆卷状，架以两道平梁。正楼中立"圣旨"竖匾一方，左右嵌浮雕太监立像两方。上枋梁横镌行楷大字"贞德垂芳"，下枋梁镌宋楷"旌故处士张珍伟妻朱氏节孝之门"。两侧次楼小平梁上各镶人物故事图案浮雕一方，柱端对饰石雕卷草、鱼龙雀替。立柱镌有探花陈子壮赠联"鲤膳怡姑湘竹霜深斑有泪，熊丸课子阶兰日暖玉生花"。正楼两梁间，夹镶青石匾额3桢，上镌奏本原文三则，以彰扬张士良的祖母朱氏20岁守节奉姑抚子的贞德。今菜埔堡内有住户300余家，城内有张士良故宅，堂中供奉其夫妇的塑像。埕前巨幅浮雕麒麟图照壁由三方青石横向叠合而成，相传乃张士良从宁波取水路运回之物。

张士良出任河南副使时已年届58岁，当时高迎祥、张献忠、李自成起义军活跃于河南一带。在战乱频仍、内忧外患、百官弃位、隐居保命的氛围下，自觉气力不济的张士良只得选择弃官南归之路。而在他回乡家居数年后，身为前朝遗臣的他也只好选定乃父张具锦投资兴建的平和灵通山狮子岩隐居，带发修行，潜心参禅，过着超然物外的佛教徒生活。不过深受儒家思想影响的张士良，虽在地处偏僻、人迹罕至之处隐居山林，皈依佛门，但忧国忧君忧民思想依然故我。清朝初年，各种社会矛盾和民族矛盾尖锐，漳州成为反清复明势力最活跃的地区之一。张士良虽亲历满清铁骑越过山海关，经过国破山崩的阵痛，还是从南明政权中找到一线希望。顺治三年（1646年）三月初五日，张士良的故友，南明史、兵二部尚书黄道周在江宁东华门就义；十月十九日清军攻入漳州，便彻底捣碎了隐居灵通山的张士良内心的强国梦。此后，清军与郑成功在闽南粤东展开旷日持久的拉锯战。张士良虽然在灵通山伴着古佛青灯、晨钟暮鼓，过着闲云野鹤般恬静的生活，但

他密切关注着时局动态，反清复明之心从未就此而泯灭。他不顾自身年事已高，支持万礼、道宗追随郑成功擎起抗清义旗，并欣然命笔题写《长林寺记》、《长林寺弟子报恩题名志》二碑，充当其幕后支持者。他还在灵通山崖壁上题写"天子万寿"，遥祝大明江山永固；题写"自度度人"，则直面明代覆亡的痛苦，希望济渡自身超越苦海；题写"天堂"，告诫自身必须超然物外。他从名宦到隐士，又从隐士到佛教徒，此中渗透着他从困惑到希望、又到幻灭的心路历程。

顺治十七年（1660年），闽南郑氏政权在中国大陆大势已去。此时，已近垂暮之年的张士良顺时应变，转而拥戴新朝政治，支持地方当局从事对民众有益的社会活动。大凡宜宗益乡之举，皆尽责尽力。清地方官员利用他的声望和影响，聘请他参与筹划建设镇城、保卫家国等公益事业。此外，他曾到广东饶平霞绕村探视宗亲，为其择地兴建朱文公祠；还在云霄西林兴建张氏家庙，为菜埔威惠庙题匾"世翼南邦"。今云山书院照壁前保存一方顺治十八年由长泰县籍进士戴玑撰书的《福建大总制少保李公重建云霄镇城功德碑》，载述本邑缙绅感念清闽浙总督李率泰率9县民夫修城防灾的功德。在主董筑城者姓名中，即有"知府"张士良。他去世后，入祀"乡贤祠"，被尊为"菜埔老爹"、"张老爹"。在张士良隐居的狮子岩大殿，也配祀其雕像。

落成会咏

[唐]陈元光

泉潮天万里，一镇屹天中。箓宅龙钟地，承恩燕翼宫。环堂巍岳秀，带砺大江雄。轮奂云霄望，晶华日月通。凌烟乔木茂，献宝介圭崇。昆俊歌常棣，民和教即戎。盘庚迁美土，陶侃效兼庸。偓醴延张老，开晴礼吕蒙。无孤南国仰，庶补圣皇功。

望龄亭中品佳联 ◎ 张铁城

为弘扬"尊师重道"的优良传统，民众捐资建成望龄亭。于是，云霄县马山旅游风景区又增添一处旖旎景观。此亭内外风光，点缀了云山古迹胜处，"勾引游人醉赏"。亭中楹联构思独特，令游者每每徘徊吟哦，思索回味，浮想联翩。

望龄亭筹划于1992年夏，落成于2000年秋。它位于马山林太史公墓右侧200米处，面向墓前中道之侧，与花园隔道对望。亭内外总占地面积为5亩。

经神道碑，历小径，到马山，沿阶越过林太史墓碑坊，步中道，约45米处，左转便是望龄亭一片风光。该亭是一座铺饰绿色琉璃瓦的双檐六角亭，盖顶隔层短壁，粘贴瓷雕花卉飞禽，其飞檐翼然、古朴典雅。环亭场地宽阔，花圃绿柳，分外娇美。亭外右侧尽处，是一列长90米的仿明代风格的花岗岩石栏杆。亭外左侧尽处，筑有长长的砌石挡坡，旁立投资建亭芳名录石碑。走近亭前，举目而视，正面匾额上书"望龄亭"3字，乃云霄籍原浙江美术出版社主编、著名版画家吴平教授题书。亭有六石柱，柱高6米，圆径约35公分。六柱刻联3副，亭前两柱楹联曰："忠廉知士，宗师慧眼识英秀；风骨辨骚，学子金尊洒妙文"，系当年88岁张秉任题句。亭内楹联曰："两浙鉴衡留仰慕；云山庐墓答师恩"，系张耀堂题句。亭内后联曰："史笔遗馨，三年孝道传佳话；亭霞焕彩，一代高风留直声"，系当年88岁张瑞莹题句。3副楹联，书法富有神韵，笔跃气振，苍劲秀逸，引人醉赏。但是，游人如何理解这3副楹联的准确含义、体会其真正艺术意趣呢？首先，还是让我们登阶走入亭中，细看碑文吧。亭中立碑约2米高，正面题"陶望龄纪念亭"6个大字，系施武弄题书。碑阴"陶望龄庐墓处"文字刻载："明万历十一年（1583年），警庸林公督两浙学政。至绍兴举行岁考，生员陶望龄因故误期未参与。公闻望龄文名，为不拘一格选拔人才，

特许其补试。补试之日，望龄携斗酒入，悠然独酌，日将夕酒醒，磨墨展纸，洒然而就，公阅卷，赞曰：'此异士也'。遂将其拔为榜首。此事引起直指使不满，上弹章，公为之参劾挂职。后望龄于万历十七年举会试第一，殿试第三，众始服公之神识。望龄历官翰林编修，国子监祭酒。万历三十二年，林公卒，相传望龄到此庐墓三年，报答师恩。"

读了这段碑文后，我们再看第一副楹联："忠廉知士，宗师慧眼识英秀；风骨辨骚，学子金尊洒妙文"。这联中，《忠廉》、《知士》是先秦吕不韦《吕氏春秋》中的两个文章篇目。忠廉知士即"对国家忠贞不二、廉洁奉公的人，才能真正识别英才"。《风骨》、《辨骚》是梁朝刘勰文学理论专著《文心雕龙》中的文章篇目。风骨辩骚即"用刘勰所说的'风教'和'骨力'，来辨别文章好坏"。此联意译：对国家忠贞不二、廉洁奉公的人，才能识别英才。一代宗师林太史公就是这样的人，所以他才有一双识别英才的慧眼；用刘勰所说"风教"和"骨力"来辨别文章好坏，学子陶望龄携斗酒执金尊赴试，磨墨下笔洒然而就的是绝妙文章。

第二副楹联："两浙鉴衡留仰慕；云山庐墓答师恩"。联中鉴即镜，衡即秤。此联意译：林太史公在两浙任"提督学政"时，考评晋升人才，能做到像悬秤物一样地公正准确，像持镜照人一样地明察秋毫。这种风范，给后人留下了油然而生的敬仰和思慕之情；林太史公卒，陶望龄在云霄马山结庐守墓3年，用以报答老师教育培养的恩情。

第三副楹联："史笔遗馨，三年孝道传佳话；亭霞焕彩，一代高风留直声"。联中遗即留下，高风即崇高风格。此联意译：陶望龄的事迹在史册上留下墨香，他为其恩师庐墓3年的孝道，也传为千秋佳话；纪念亭在云霞映照下焕发光彩，一代崇高风格楷模林太史公刚直公正的声誉，永为后世传颂。

三副对联，文辞或典雅、或质朴、或明快、皆恰到好处，其对仗奇巧，平仄协调，立意正大，言简意赅，高度概括评述了"望龄亭"人物史事情节，弘扬了"尊师重道"的优良传统，热情地赞颂林太史公忠廉公正、明察秋毫、不拘一格地为国家选拔英才的崇高道德风范。

细细品一品望龄亭的楹联，必然令游人读者受益匪浅，回味无穷！

拜访 古代先贤

　　臣山滴翠、漳水流银，开漳圣地的历史天空，闪烁着一颗颗古代先贤的明星。唐有创碑州县、倡兴庠序、屯垦安民、惠工通商的陈元光及其将士；宋有劝夫勤王陈璧娘、抗元义士陈吊眼；明有聚谷赈灾革除恶俗的吴原、勤政爱民树德于乡的林偕春；清有协助郑成功收复台湾的何斌。历代先贤，焉能胜举！然而，他们的一股英贤之气，穿越了时空，在山川秀美的故乡大地纵横驰骋。他们的满怀爱国爱民的情愫，一种以民为本的思想，不管岁月如何流失，任凭沧海桑田巨变，在一代代故乡人的心灵深处永久弗谖、流连震撼！

　　在这新经济崛起、网络信息多元化的时代，在这海峡两岸情潮涌，合作、交流、发展、共荣、共赢已成大局的今天，在这"海西建设、漳州先行、云霄奋进"的时刻，读一读这十数篇"朝圣古代先贤"人物传略，难道不是让您的情思犹如万斛源泉不择地喷薄而出吗？我想：寻常百姓读之，自是肃然而生敬意。创业者读之，必定增添开拓的胆略和勇气。为官者读之，胸中勤政为民的正气于是浩然升起。海外游子读之，爱国爱乡的心弦定然再次被拨动。尊敬的读者，您说是吗？

云霄进士表

文科进士名表

朝代	姓 名	登第时间
唐	陈 珣	
	王彦昌	元和十三年
	林承美	
	林 金	延和年
宋	郑 郊	不知何榜，诏从之
	许光亭	大观三年
	吴 与	
	翁待举	政和二年
	陈景肃	绍兴二十一年
	杨士训	庆元二年
	杨士谨	庆元十三年
	陈寀立	淳祐四年
	陈 肇	绍熙元年
	张 论	开庆元年
	陈 植	淳祐四年
	陈 格	景定二年
	林琼宗	咸淳四年
元	陈君献	
	陈泰兴	
	陈泰舆	
	陈子铤	
明	陈汶辉	洪武间
	吴 森	天顺元年
	吴 原	天顺八年
	吴	成化五年
	吴 泰	成化二十年
	叶期远	嘉靖三十二年
	汤应科	嘉靖三十五年
	游春霖	嘉靖四十三年
	张 纯	嘉靖四十四年
	林偕春	嘉靖四十四年
	唐文灿	隆庆二年
	吴 琯	隆庆五年
	吴 显	万历二年
	张佐治	万历二年
	薛士彦	万历八年
	张 常	万历十一年
	蔡肇庆	万历十一年
	江 环	万历十四年
	张一栋	万历十四年
	方鼎铉	万历二十三年

朝代	姓 名	登第时间
明	吴	万历二十三年
	张居方	万历二十九年
	程应龙	万历三十五年
	蔡思充	万历三十五年
	林而兴	万历四十一年
	张士良	万历四十七年
	叶绍京	崇祯元年
	蔡思淳	崇祯七年
	张天维	崇祯十年
	陈鸿飞	崇祯十三年
	林翰冲	崇祯十三年
	方文耀	崇祯十三年
清	唐朝彝	康熙六年
	陈天达	康熙九年
	方 迈	康熙三十三年
	曾金铭	雍正年间
	高鹏飞	雍正八年
	张先跻	雍正八年
	方天宝	乾隆十年
	何子祥	乾隆十六年
	方	乾隆二十五年
	朱光章	乾隆五十五年
	何名儒	乾隆五十五年
	林镇荆	乾隆五十五年
	张 纲	乾隆五十五年
	方 炎	乾隆五十五年

武科进士名表

朝代	姓 名	登第时间
明	张用贤	
	张飞虎	天启五年
	张黄捷	崇祯十六年
清	方玉机	康熙四十六年
	方伟男	康熙四十八年
	汤刚毅	乾隆四年
	陈青云	乾隆十六年
	唐述先	乾隆十六年
	唐达先	乾隆二十八年
	何宏坦	乾隆三十七年
	陈名魁	乾隆四十六年

开漳圣王陈元光

◎ 陈嘉音

一篇佳话开漳史，千秋功德说圣王。

唐代陈元光将军，千余年来总是与漳州开发史连在一起，被民间尊崇为"开漳圣王"。"云霄"、"开漳圣王"这两个词，紧紧粘合在一起。

陈元光，字廷炬，号龙湖，河南光州固始人，生于显庆二年（657年）二月十六日。祖父陈犊，字克耕，为唐开国元勋。祖母魏敬，字玉珏。父陈政，字一民，以他的功劳累积晋升为戎卫左郎将、归德将军。母亲司空心，字意儿。

陈元光将军自幼聪颖好学，少年时不仅喜欢读书，而且喜欢骑马射箭，终成文武全才。

总章二年（669年），泉、潮之间不断发生"蛮獠啸乱"，致使居住在这一带民众深深感到苦难和忧患。因此，朝廷晋升归德将军陈政为朝议大夫、岭南行军总管，统领府兵3600名挥师自中原南下。这一年，陈元光13岁，领乡荐第一，回来后立即随父母出征闽南。途中，因流寇多，大军作战不利，退守九龙山，陈政以兵少为由向朝廷请援。

咸亨元年（670年），陈政的二位兄长敏、敷奉诏带领府兵58姓增

35

援，沿大运河南下，经江苏浙江入闽。母亲魏敬随同万里长征，敏、敷及元敞、元扬都在行军途中不幸病亡。赖魏氏继续提兵入闽南，与陈政会师，援军一到，声威大振。经休整后，就沿着九龙山古道向南推进。大唐府兵采取镇压与安抚的办法，终于第二年，陈政带兵突破蒲葵关，越过盘陀岭。进驻绥安故县云霄营地，当军士渡过绥安溪时，陈政说："此水很象上党的清漳之水！"于是，从此时起改原绥安溪名为漳江。

陈政将军镇守闽南九年，披荆斩棘，以致积劳成疾。仪凤二年（677年）四月，陈政病死于云霄任所，享寿62岁，谥忠肃。葬于云霄西边一座大山，因葬唐归德将军陈政于此，其后此山就改称为"将军山"。陈元光时年21岁，袭父职，任左郎将，继续统领府兵64姓。此时，广东崖山流寇陈谦联结诸"蛮"，攻陷潮阳，守将告急，陈元光立即带兵入粤讨伐平息这一啸乱。又过了一年，陈元光母亲司空氏逝世，乃就戍地奉敕与陈政合葬在将军山。

永隆二年（681年），群盗啸乱南海边郡。陈元光再次提兵入粤，

与循州司马高王定 配合，突袭敌垒，又获大胜。陈元光在平乱时采用威惠并济、区别对待等措施，终于平定岭南，还军于漳江流域的屯营地。继而立行台于四境，时加巡逻，使方圆数千里无桴鼓之惊。这事让朝廷知悉后，晋升陈元光为正议大夫、岭南行军总管。陈元光时年25岁。

永淳二年（683年），陈元光上奏《请建州县表》，说："其本则在创州县，其要则在兴庠序"，以期长治久安。垂拱二年（686年）十二月九日获准在泉潮之间增置一州，设治所在云霄屯营地的漳江畔，因此得名漳州。下设漳浦、怀恩两县。朝廷诏令陈元光兼任刺史，这时他年方30岁。随之，立即开拓村落，并设立"唐化里"，兴农重教，通商惠工。从此这块荒榛之地逐步改观，成为民众安居乐业的地方。

垂拱四年（688年），陈元光上《请置吏

表》，因他知人善任，深受部众拥戴。这一年，祖母魏氏逝世，享寿95岁。第二年，葬魏妈在云霄半径仙人山麓。元光以支孙承受重孝，结庐在墓左，守制3年。当时漳州百姓称呼他为"半径将军"。

陈将军长时间治理漳州这块地方，既有绥靖之功，又重文治，他特地在漳州府治设官员专门管理文教工作，后又设立书院。且在政务之余，亲自带头倡行诗教，著诗赋多首，现存53首，有《龙湖集》传世。其影响所及，实在可以使本区域成为东南"海滨邹鲁"之称誉。

景云二年（711年），正值粤东流寇陈诚"啸乱"又起于潮阳，十一月初五潜抵岳山。陈元光将军在出巡途中闻警，立即带领轻骑征讨，因步兵后至，他被贼将利刀杀伤、血流不止，不幸竟以身殉国。同时赴难者，还有营将马仁等。陈将军终年55岁，暂且葬在云霄大岭原（原墓遗址犹存）。贞元二年（786年），州治再迁龙溪（即今芗城区），为祭祀之便，就移陈将军墓葬在州治之北，至今仍在。

溯自唐总章初年，以归德将军陈政为开漳先驱以来，经其子元光为之奠定基业，继由其孙珦、曾孙酆、玄孙谟蝉联刺史。虽其一家为戍闽而牺牲者先后共达6人，然而，自陈政将军以下，五代相继，领袖一州，率众启土，遗爱万民。可惜唐史略而无传，而他的伟业丰功幸凭口碑犹能得以传后世。参与开漳伟业的大唐府兵，包括陈政、陈元光一家暨全体府兵将士和军眷，实在是推进历史变革的一个大群体。开漳部众姓氏可考者已达87姓，其功同样不可埋没。遗迹尚存于开漳发祥地现在的云霄县，已清理发现者有39处，均足供后人瞻仰。

拜访古代先贤

◎ 家祠见证闽台缘 ◎ 何明坤

何地是云霄马铺一带何氏聚居地的总称，此处在明至清初属平和县管辖，清嘉庆三年（1798年）划归云霄厅管理。何地何氏家庙位于云霄县马铺乡枧河村后厝自然村，地处层峦叠嶂、林木蓊郁的山川之中，视野开阔，环境优美。

何氏家庙为大宗建制，在清乾隆十八年（1753年）扩建成现有规模，1921年重修，1999年略有小修，建筑本体保持清代原貌，主体建筑的梁架木构面层，满绘清代的梁架彩画，现在仍保存完好。这里头既有草船借箭、穆桂英征西的刀马人故事图，也有羲之爱鹅、米芾痴石等文人山水画，既有传统的飞禽花鸟纹饰，也有洋人礼帽等富有西方气息的图画。这些梁架彩绘构图精巧，内容栩栩如生，图案繁复，线条活脱，色彩绚丽，显示出丰富的内涵以及很高的创作水平，建筑本体有很高的历史、艺术价值，是闽南古建筑的典型实例。

祠前保留清乾隆二十年（1755年）《宗地禁示碑记》和民国十年《重修大宗捐金碑记》两方；祠埕原有众多旗杆，现保留较完整的一座是道光二年（1822年）的石旗杆，系为道光壬午科中式第四十名举人何名儒所立；在宗祠前厅分挂文魁、恩魁匾额，大堂龛顶高悬内阁大臣、一等伯爵、广陵锁纶、进士等横匾，反映了何氏后裔人才辈出的盛况和礼教重文的宗法观念。

有关何氏渊源以及宗祠的肇建历史，在《何氏族谱》及宗祠保留的碑刻里载述甚详。《何氏族谱》系生于台湾并返回祖地就学的何氏后裔十二世孙、乾隆十六年（1751年）进士何子祥（曾任浙江浦江、平阳县令通判）编撰的，历时4年完成9卷10册，是考察闽台两地何氏家乘的珍贵谱牒资料。

根据1755年修《何氏家谱》记载，何地何氏开基一世祖何添河于泉州迁厦门，再迁漳浦官浔，在明洪武九年（1376年）肇基云霄。添河公次子彦保公于明永乐年间再迁枧河奔流石示口，其后裔世居何地。明朝中期，何地何氏在第六、七世开始外迁，有迁居台湾、球流巴、陕西、南宁等地，其中迁居台湾居多数。《云霄县志》等有关资料也表明，云霄何氏迁台人数居其他姓氏迁台人数之首位。

明天启四年（1624年），何氏后裔何斌等人随郑芝龙垦台，开发赤嵌；清顺治十八年（1661年），何地第九世何义、何祐等跟随郑成功，当时何地何氏有150多人加入郑军队伍，并随复台大军驱逐荷夷、收复台湾，后来大部分在台定居。尔后，陆续有何地何氏迁台，至乾隆二十年（1755年）在族谱里明确记载的就有397人。历史上何氏后裔人才辈出，曾出现郑成功麾下的何地三杰，即有献图导航、为郑成功收复台湾立下首功的何斌；有舍身救主，后又顺应时势追随施琅将军平台的何义；有征台建功，重建基隆奠定台湾重要港口基础的何祐等人。

乾隆十六年（1753年），祖地何地修建开祖大宗祠，居台何氏积极捐资捐物。根据族谱的记载统计，共有251人（户）的"台中叔侄兄弟向义而捐"。迁台何氏宗亲"虽地隔海外，但天性如一"，世代相传并保持联系。民国十年，祖地何氏大宗计划维修祠堂，在台何氏乡亲再次踊捐资金和物件。现保存在宗祠前的民国十年重修碑，记录了当时的情形。据调查，宗祠内的檩条梁架等大木构件大多是台湾名贵树种——桪木，也是由在台何氏宗亲从台湾定购回来，维修时作为宗祠用料的。这些石柱木料、碑刻谱牒等文物，就是历史上闽台两地何氏

拜访古代先贤

深远关系的实物见证。

1949年，国民党撤居台湾时，又有一批何地何氏后裔迁台定居，至1978年，何氏成为台湾第27大姓，人口达144503人。在台湾的台北、台中、嘉义、基隆等地，均建多处何氏祠堂，主要有台中西屯区何厝街子旋公祠、台中大全街崇鲁公祠贻阙庭、台中南屯区文山里山西巷雅直公祠福昌堂、大肚乡华山路溪水公祠谦德堂、沙鹿镇门潭路维公祠好德堂、太平路良公祠等，其中嘉义何氏祠堂取名为"何大宗会"，与云霄祖地何地大宗同名。

建国后一段时间内，由于政治原因两岸何氏乡亲虽一度失去联系，但海峡终归难阻血浓于水的亲情激流澎湃交融。1985年后，闽台何氏宗亲往来即不断，多次到祖地寻根，并带来台湾《何氏族谱》（1986年编印），内容同云霄何氏家谱一脉相承。旅台何氏宗亲不忘根在云霄何地，他们爱国爱乡，为祖地办了不少实事，何钦腾、何金赐、何明宗等几次回乡寻根谒祖、分别捐资建学校和维修祖祠；何位东1935年迁居台湾，1988年携次子何希灏回云霄创办台资企业—宏国电子厂，并捐资为家乡建学校，现何希灏已经是全国台企联常务副会长兼秘书长、漳州市台商协会会长，成为沟通两岸经贸往来的著名台商。现何氏祖地的分祠遍布台湾各地，两地何氏乡亲往来不断，交流日益增多，体现了割舍不断、血浓于水的亲缘关系。

女中英烈陈璧娘

◎ 方群达

陈璧娘（？—1279年），亦作碧娘。今福建省云霄县陈岱镇人，是南宋绍兴年间知制诰、卒赠资政殿大学士陈景肃的亲孙女。父陈肇，宋嘉泰进士，绍熙年间任参知政事兼太尉，卒赠兴国公。璧娘生于名门，自幼从父兄修文习武，且精音律、善歌舞，聪颖伶俐，被誉为才女。家人视若珙璧，因名之。长成嫁给广东饶平县人、南宋都统张达为妻。景炎元年（1276年），元军大举南侵，势如破竹，攻占南宋都城临安（今杭州），山河破碎，社稷濒危。皇室在部分文武将官保护下南奔退守福州。祥兴元年（1278年），文天祥奉命出使与元廷谈判，却被扣留在敌营，几经挫折、风险，得以逃脱回福州。但此时元军已然分兵长驱直入，闽北沦陷。宋室群臣护驾，经闽东、闽南沿海继续南逃至粤境，无奈宋朝叛臣张弘范极力向元军邀功，亲自带领元军劲旅对宋朝皇帝穷追不舍。宋臣文天祥在闽西战败，退经闽南，到达广东海丰县境，又战败被俘于"五坡岭"而殉国。这时，宋端宗赵昰病死于硇州（广东吴川县南的海上一小岛，亦称"蓼洲岛"，帝昺立时，被升为翔龙县，后世俗称硇州），重臣陆秀夫、张世杰等带兵保护少帝赵昺驾转崖山（广东新会县境内）驻扎。

这个时候，都统官张达率兵于广西抗元亦遭败绩，带残部退回家乡，他看到赵宋半壁江山已是风雨飘摇，大势已去，心志十分消沉。璧娘虽身为女子，但保卫家国赤胆忠心不逊于须眉，她见此情景，心潮澎湃，慷慨陈词，劝夫勉弟，激励他们振作精神，征集勇士，重整旗鼓出兵护驾勤王，舍身救国。接着，他亲自渡海送夫至钱澳甲子门（在今广东南澳县境内），后人因璧娘别夫于此，易其地名为"辞郎洲"以示纪念。

璧娘胞弟陈植，时任提督，统率岭南海沿一带兵马；堂弟陈格，时任海船卤簿。值此国难当头，两弟皆尊姐姐之命，与姐夫张达合兵

一处，奔赴雷州崖山，保护幼主赵昺。

陈璧娘《平元曲》：

"虎头将军眼如电，领兵夜渡龙舟堰：良人腰悬大羽箭，广西略地崖西战。十年消息无鸿使，一纸凭谁寄春怨？日长花柳暗庭院，斜倚妆楼倦针线。心怀良人几时见，忽睹二郎来我面。植兮再吸倾六罐，格亦一弹落双燕。何不将我张郎西，协义维舟同虎帐！无术平元报明主，恨身不是奇男子。倘妾当年未嫁夫，且效明妃和西房。房人不知肯我许，我能管弦犹长舞。二弟慨然舍我去，目睹江头泪如雨。几回闻鸡几濒死，未审良人能再睹？"

字里行间充满对国家的忠肝义胆，对亲人的思念与鼓励，弟陈格亦作《崖山六咏》，以表壮志。这些诗篇均被后人载录于地方志书，终成闽南之千古绝唱。祥兴二年（1279年）二月，她心悬前线，闻崖山危急，毅然将爱子托寄于漳浦县四都寮口村张达姐姐郭张氏家中，亲自带部分乡勇义军，同奔崖山助战。但此时元兵却已攻陷崖山，张达及陈格阵亡，陈植兵败后即遁迹山林，不知所终。宰相陆秀夫负少帝赵昺投海，以全名节；宋将张世杰则覆舟自尽，至此宋朝乃亡。而璧娘赶至崖山，面对国恨家仇，且已身陷绝境，但她仍当面痛斥敌寇与叛臣，最后自刎于崖山海滨，随夫同殉国难。璧娘与夫张达所生孤儿名曰千乔，自此由其姑母郭张氏抚养成人，并成家衍后（张千乔的后裔乃辟建一村名"东峤"，从此历传一脉至今）。东峤村中现仍保存"祖姑庙"一座，乃璧娘之子孙后裔为铭恩而建，刻有堂联曰："尊祖念姑，刻木不忘花月夜；归宗抚侄，造容聊报太平年。"又"抚侄归宗传百世，奉姑附祖祀千秋"。东峤张氏宗祠有一楹联曰："孝可作忠，痛先人斩木救驾，特表奇勋千古；思堪锡类，念我祖依姑承桃，犹存祀典万年"。同样反映了此一史事。特别是新编《辞海》及地方戏曲《辞郎洲》皆记载与演绎了这位巾帼英雄陈璧娘的悲壮事迹。闽粤一带更是妇孺皆知，耳熟能详。

奉议郎吴与

◎ 方云溪　林成周　张耀堂

　　吴与（生卒年未详），字可权，又因官升奉议郎，百姓称他吴奉议。吴与的父亲早逝，母亲王孺人。王氏知书达理，教育儿子很严格，吴与从小进梁山书堂读书，刻苦学习，宋元丰五年（1082年）登科中进士。先为四会县令，后改任余干县令，他勤于政事，决讼明察，受时人称赞。

　　嗣后，吴与迁任怀安县令，他母亲居住在官舍，仍然不改勤劳织纫。吴与为使母亲赏心悦目，在署里亭宇边种花果，以供母亲观赏，还逗乐母亲说："我少壮以治有何不乐？"母亲回答："公事之外更复读，为何花功夫为母？"母亲告诫儿子要移孝道，专心奉公，以国君政事为重，勤政廉洁，慎以无贪，戒骄躁、怠懈，以免使母亲遭受耻辱。于是，吴与为官所至皆保持勤政清廉。后来，吴与官至奉议郎，任潮州通判。大观四年（1110年），故友张天觉拜相，掌握朝政大权，有人劝他拜见张天觉以求提携，他却说：我过去与天觉故友皆为忠义相交，哪能趁他当权呈身求进呢？

　　吴与一生官历七任，勤俭节用，薪俸悉数用于购买和收集书籍，并选择以山峦为屏障，在古道近处偏僻幽静，少有兵火殃及的梁岳下建一书室，藏书供人阅读，后称吴奉议书室。收藏书籍至2万多卷，有经、史、子和星、历、医、卜等，其中《古尚书音全集》2卷、《甘氏星经》2卷、《汉官典义》10卷、《京房易钞》1卷，全都是皇家"三馆四库"所无，被誉为"海内藏书者四家，以吴与所藏本最善"，不少名士慕名接踵而来。宋著名史学家、莆田人郑樵，也赞叹其藏书之多。

　　吴与为文求实，凡是他所书写记录史事都可以相信是真实的。著作有《荔枝总录》、《新记录》、《漳州图经序》。其中《漳州图经序》言简意赅，记载始置古漳州的方位、境域的变化，彪炳唐将军陈元光等历史人物，是研究闽南历史的珍贵资料。

宿古楼驿

　[唐]李德裕

嵩少襟期杳莫攀，
好山聊复一开颜。
明朝便是南荒路，
更上层楼望故关。

拜访古代先贤

43

◎ 户部左侍郎吴原 ◎ 方群达

吴原（1431—1495年），字道本，别号云坡居士，漳浦县云霄镇（今云霄县云陵镇）人。吴原生于家道中落的地方名绅之家，自幼勤于攻读，且颖慧过人，深得父母喜爱。年轻时，父亲吴永绥视其为可塑之材，就在将军山西北麓的山峦间筑庐，特供奉其所建造的云霄和溪"树德岩"佛寺分灵的香火在庐中，让吴原在此专心研读。明英宗天顺八年（1464年），34岁的吴原考中进士，初授兵科给事中，便上疏"正心、任贤、重爵赏、节用度、斥异端"五事，被朝廷采纳。成化四年（1468年），他又与同僚上《请溥恩惠广嗣续疏》，却因触及后宫隐讳而受斥责。成化十五年（1479年），吴原官职晋升为兵科都给事中，时明廷宦官结党霸道，设西厂监视朝野，人心惶惶。吴原不畏阉党权势，以国事为重，毅然上书认为设西厂有违祖制，应予革除。可惜一时不但未被采用，反而得罪宦官集团而受到排挤。其间吴原又遭父丧，返乡丁忧。成化十八年（1482年），明廷终于罢废设置6年之久的西厂，处理查办了因"贪恣误国"而危及滇南、辽东边陲的阉党守臣。这的确是吴原的秉直奏议之功。

弘治一年（1488年），吴原始升任太仆少卿、寺卿，继任户部右侍

郎。弘治二年，他告假回乡探母。又过了二年，他转任左侍郎，总理京城仓储，时年60岁。他秉公执法，宽严有度，对京畿仓场多年屡发的窃案惩治有方，甚得人心，从此盗贼不敢横行。他与朝中名臣李东阳、商辂、刘大夏等关系密切，请画师绘制一幅"四友图"以示友谊长青（此图今犹存于云霄）。弘治五年（1492年），两浙水灾严重，吴原奉旨以户部左侍郎兼左佥都御史之职，前往赈灾。到了浙江，他详察灾情，普施恩

泽，并劝导当地富户平粜储谷3000多万石、募捐7万多两银赈救灾民。他依照受灾损失的严重程度而分别予以发放。随之，吴原又上表奏请朝廷豁免灾区民间累年所欠税赋，缓解了社会矛盾，让百姓得以度过灾荒。其间，他还组织修筑海堤以利抗洪。他严令申禁当地溺杀或遗弃女婴之恶习，倡设"育婴堂"，这一德政，在当时堪称全国首倡，受到了广大百姓的称颂。此时又刚好蹼到地方出现滥采矿藏的现象，一些官员与地方奸妄之辈相互勾结，藉此肆意毁坏良田，敲诈民财，危害百姓。吴原深入探悉核实此情，断然下令堵塞滥开之矿穴，保住大量实际无存矿产的良田，让贫苦农民普遍获益，万众感恩戴德殊深！当地民众因此为吴原建造"长生祠"多处，以祈祷天佑这位德昭万姓的吴侍郎。吴原的为人确是"器度伟甚，其待人宽厚坦夷"，"凡政务可否，惟理之视，不以豪右寡弱异徇"（见通议大夫、礼部右侍郎傅瀚所撰《明户部左侍郎吴原墓志铭》）。弘治八年十一月初十日，吴原逝世于京城，自此后，其"长生祠"皆被扩建为"吴侍郎庙"（据闻迄今浙江省多处尚存，民间敬缅吴原的民俗奕代不替，香火鼎盛）。

当年吴原病逝京都，明孝宗皇帝特赐宝锭3000贯，以地卿之礼敕葬"大明少司徒"吴原，由其子吴举人梦麒扶柩回乡，并敕有司营葬吴原于云霄驿后山（今望安山），又派工部官员黎尧卿督葬。弘治十一年五月该墓园竣工，朝廷又派承宣布政使司右布政使李云到云霄谕祭。该墓葬规制宏大，为吴原与其两夫人合葬之崇丘，墓前建造"享堂"，堂前石兽、华表对峙成行，石雕牌坊巍然矗立，气象雄伟。至20世纪50年代初，被福建省人民政府公布为本省"分级文物保护单位"，惜毁于20世纪60年代。近年，"享堂"已由民间集资，逐步修复，并雕像以祀。经精心修复后的吴原享堂，重新被云霄县人民政府公布为本县第四批文物保护单位之一，成为县城区域内的又一观光胜地。

◎ 浦江平阳县令何子祥

 ◎ 方云溪 林成周 张耀堂

　　何子祥（1707—1770年），名读，字行，又字象宣，号蓉林，云霄马铺石鼓村人。出生于书香之家，8岁时父母双亡，由兄教读，兄逝世后，以"家中遗书甚多"勤奋自学，于清乾隆十六年（1751年）登进士。登第后，先在霞漳书院讲学，继而为南胜书院山长。乾隆二十三年，在家乡建炉峰书院、何氏宗祠和谷春庵（又称"义坛"），修《何氏家谱》。

　　乾隆二十五年，选为浦江县令兼署义乌。过去浦江胥吏衙役与讼棍豪强勾结，私押拷打敲诈勒索无所不为。百姓投状要反复送礼，告准或禀讯缴牌要宴请，衙役传呼要坐轿，还随便打人。生员黄芳茂，依仗其兄在抚院当礼房，便横行乡里包揽命案，曾勾结胥吏构陷告倒县令，此后历任县令惧怕黄并待为上宾。子祥一到任便整饬衙门，设"内号送牌卷"，严格规定即告即收即送，满40卷便挂出审讯日期的牌子，届时由当案人自来不用传呼；又设"牌票用戳法"，明写"差役不许坐兜，无'拘'字不许私锁，到即报官，不准私押，违者当堂杖革"。审讯时严禁胥吏衙役替被讯人回话。黄芳茂和两名胥吏，经查获罪证，分别被处以绞刑、充军、杖柳，一时衙门清肃，人心大快。浦江张、楼、朱、赵四大姓的恶少，各自划地为霸，平时对坐街巷中，有女人经过就用脚将其绊倒取乐，如有人到衙门告状，胥吏衙役便通风报信让其躲避。子祥暗中私访，将为首者列名在案，大张告示，准许受害者直接上堂禀告，一经告发，立即拘拿当堂讯结，严惩数案后恶少销声匿迹，社会秩序井然。过去逢年过节和县令生辰，浦江富户绅商竞先到衙门送礼，子祥知道这一情况后，特地贴出"却年节生日送礼示"，坚决杜绝送礼风，百姓称颂不已。乾隆二十七年，朝廷为太后七十寿辰"恩赏天下老人"，胥吏虚造名册冒领，被他严厉斥责制止。他十分重视地方文化教育，在浦江6年中，带头捐出薪俸，先后修建浦阳书院和重建东明、月泉、白石等书院，全县赴童子试人数由不足500人增至上千人。离任前又捐俸首倡建成义乌绣湖书院。

乾隆三十年调任平阳县令，加通判衔。离浦时沿途士民与其依依惜别，受过他杖责改邪归正的恶少由父母令其到县境跪送。平阳县城历史上有内外河可通船只，居民饮用方便，清初城垣毁于战火，河道填塞，雨水倒灌，经常发生疫病。子祥莅任，奉旨修城，带头捐俸，发动富户出资，平民出力，重建城墙，浚通内外河1000多丈，岸边砌石，岸上种柳，使县城面貌焕然一新。平阳钱仓有田7万亩，自明末清初水道失修壅塞，夏涝秋旱，又受海潮淹灌，曾有几任县令准备治理，都因工程浩大半途而废。乾隆三十四年，平阳遇旱，子祥便捐俸为倡，号召"金资殷户，而专责其力于农夫"，百姓群起响应，他亲自督修，从是年秋动工清淤塞、改港道、开新河、建水闸、造陡门，至翌年春竣工，使钱仓平原外江内河通畅无阻。接着又发动清理闽浙交通要冲的汇头坡南河、西河和疏通埭田港路，亲自指导用大松木制成木枧引水泄涝。随着农业生产的发展，全县社仓由1座增至14座，储谷4900石。在平阳，他还先后主持修建昆阳书院作为义学，择风景优美的地方建龙湖书院，又捐金重建明伦堂，整修平阳学宫。还对逢源、崇正、第一山房等书院和文昌阁、观海阁等社学，或予整修，或拨出田产延师讲学。该县南港原无学校，他亲往踏勘创办南和书院。

乾隆二十八年高宗皇帝南巡，子祥被委派管理内外行宫603名驿夫往返杭州、海宁；乾隆三十年高宗再次南巡，被委派督修杭州灵隐至北高峰道路及寺庙亭台，他爱惜民力体恤民夫工匠，受到民众赞颂。

乾隆三十五年，子祥病逝任上，平阳，浦江百姓为之痛哭，争相吊祭并立庙崇祀。死后归葬马铺故里。著有《蓉林笔抄》、《何氏家谱》传世。

拜访古代先贤

一代乡贤林偕春

◎ 方云溪　林成周　张耀堂

　　林偕春（1537—1604年），字孚元，号警庸，晚年自号云山居士。祖居云霄佳州郭墩，后迁居前涂村。偕春聪颖好学、磊落旷达，自幼随父（名文贡，庠生，后封翰林检讨）课读。嘉靖四十年（1561年）中举，嘉靖四十四年赴京考试，中进士，入选翰林院庶吉士，此后，晋升历任翰林院检讨、编修，亚中大夫，湖广布政司右参政。

　　林偕春生长于内忧外患时期，对社会风情民间疾苦了如指掌，怀有走仕途舒展抱负救民于水火的志向。嘉靖三十九年至四十四年（1560—1564年）间，广东饶平一带"盗贼"进入诏安、云霄等地，吏部要添设臬宪（提刑按察司、按察使），委任诏安练兵，控制云霄，林偕春以"官多民扰"向家乡县令陈述理由，最后得以罢设；当时，云霄有少数不法之徒常在乡间抢劫，参戎与巡海宪臣（提点刑狱、按察使）议请朝廷派兵剿灭。林偕春立即向朝廷反映情况，倡导乡民联防，使不法之徒销声匿迹（后著《条上弭盗方略》），避免了一场兵祸。

　　林偕春博学多才，工于古文、辞、诗、歌、赋，文章气节，令人赞颂。万历元年（1573年），奉诏纂修武宗、世宗两朝实录，在翰林院经筵展书、管理诰敕（官吏受封文书档案）。万历二年（1574年），实录完成编写，首辅张居正派典籍要偕春为他撰写记述的文章增加一些褒奖粉饰的语句，偕春以"王言有体"给予拒绝，宁挫一官、不假一字，为此被张居正记恨。第二年，按惯例时限，对京官要进行考察，居正找不到林偕春的把柄，便以例转为由，把偕春赶出翰林院，调任湖广按察司副使。偕春知是居正报复，行至淮安县境便上"疏乞致仕归"，弃官回故里。家居期间，于万历七年应漳浦县令朱廷益邀请，参与续修《漳浦县志》。

　　万历十年，张居正死，朝廷恢复林偕春官职，任命他为两浙提学。将赴任时，应乡民请求，向县令和巡抚提出蠲免云霄公溪舶饷（竹塔

村海边滩涂地鱼蟹水产品税）一事，得罪了地方官员，他虽遭受中伤，仍不后悔。督两浙学政期间，为朝廷选拔的人才，曾破例准许未参加岁考的陶梦龄补试，并根据他的真才实学，提拔他为岁考第一名，为此事，被直指使弹劾而受到挂职的处分（后陶梦龄会试第一名，殿试第三名，众人都称赞偕春独具慧眼）。万历十三年，补南赣兵备副使，当时，岑冈一带有义民"作乱"，众

议主张用兵征剿，独偕春以"胜小不武，滥杀非仁"力争，巡抚接受他的意见，经抚慰使骚乱平息，受到朝廷钦赏。万历十四年升任湖广布政使司右参政，分守荆西。当时，荆西大旱，他全力组织抗灾赈济，百姓无不感恩戴德。不料次年京中传来消息，又有人抓住浙江考试一事对他造谣中伤，他感叹说："这么大的宇宙竟容不得一个林偕春，那我就只好逃往醉乡去了！"遂在署壁上题下"赤魃为灾气蕴隆，宵衣露裤意匆匆。谁知六事空惆怅，尽在狂夫荽菲中"、"深居慈母织含辛，谁信曾参解杀人。投杼不为三至动，还教世事假成真"等诗句后，携带家眷弃官归里，从此不再出去。弃官家居后，筑小斋悬匾"读书谈道"，云霄读书人上门请教求学者络绎不绝。前涂是浦、云、诏交通必经之道，往来官员慕名，经常上门拜望请教，他只谈民间利弊得失绝不涉及个人私事。明制官员回归故里家居，照例每月由地方发给车马费，他一概辞谢，说："我安步当车很是舒适，怎能增加地方的负担！"因而更加受人敬重。万历三十二年偕春逝世，云霄人为他罢市奔丧，葬在云霄马径山，入祀漳浦乡贤祠。清光绪九年（1883年），云霄厅绅商各界募款在竹仔街（今南强路）漳江之畔建云山书院，雕像崇祀，其少年时在南山寺右侧的读书处也由乡民建为南屏书院。

林偕春除参与校勘《永乐大典》外，著作有《武宗世宗实录》、《承天大志》、《漳浦县志》、《三国志摘》、《晋书北史钞略》、《云山居士集》（载入《明史·艺文志》著录）等。其文章气节，深受同僚及世人崇敬，民间尊称其为"林太师公"，云山书院也称太师公庙。今漳浦、南靖、诏安、平和、龙海、东山以及台湾和东南亚一些国家也有其庙宇，每年都有海内外香客前来谒拜。云山书院、林偕春墓和南屏书院等，均被列为县级文物保护单位。

拜访古代先贤

◎ 宁波知府张佐治

◎ 方云溪 林成周 张耀堂

　　张佐治，字思谟，云霄菜埔村人，后居邻村西林，万历二年（1574年）进士。一生中，以其所至令行禁止，而一直被调到政务特别繁杂的县、府任职。

　　初任高淳县令，又历长兴、高明二县，担任这三县县令期间，他以勤政廉明、断案精确又能体恤民间隐情著称。他遵照朝廷田赋据实征收的文件命令，在执行土地丈量时，亲自深入田间，使之不失尺寸，减轻农民不合理的田赋负担，受到百姓的拥戴。后调任庆府府丞，又补绍兴署府事，兼署上虞、诸暨二县，在朝廷对外官的考核中，以清廉的声望和卓著的政绩，被荐参加朝廷所赐的16人清廉宴，并升为金华知府，又补宁波知府。在任期间，他办案时，重调查研究，常深入发案现场，常私访查勘，十分谨慎细致，明察秋毫，注重真凭实据。终因"为金华孀妇昭雪冤案和侦破定海杀人弃尸命案"而轰动一时，风闻江浙一带。此后，因倭寇猖獗调任宁绍兵备副使；不久，又因倭寇侵犯明朝属国，天津戒严备战，调任天津兵备参政。任职期间，为解决军需粮饷，他组织天津军民开垦屯田数万顷，时有宦官到天津征收芦苇重税，佐治挺身据理抗争，使之减征一半，受到军民赞颂。

　　佐治为人至诚，一生廉洁，两袖清风，数次回乡省亲都是"垂橐归里"。最后以劳瘁病逝天津，病重时同僚下属入室探望，见他布被草席，四壁萧然，莫不为之感动涕泣，逝世后由同僚下属出资收殓并助其归葬故里。据传有后裔居住天津。

◎ 三部尚书蔡思充 ◎ 蔡永茂

　　蔡思充（1559—1642年），字宝卿，号元岗，漳浦县云霄镇西林人（今云霄县火田镇西林村）。祖父廪生，父亲贡生，幼时家贫，依赖祖父及父母耕织、执教来维持家计。蔡思充童年时在祖父教督下，用功读书。明万历二十八年（1600年），应乡试中式名列第二；万历三十五年上京赴考中进士。先时朝廷任命他为浙江东阳县令，他为官清正廉明，体察民情，清吏政，除弊政，兴修水利，发展生产，年年丰稔，百姓称颂。工部侍郎何乔远曾赠诗云："东阳为令几多时，不取民间一寸丝。"一时廉名大著。

　　万历三十七年（1609年），蔡思充应调入朝参与主持会试。在分校会闱（试院）中，赏识少年倪元璐才华，把倪元璐试卷名列前茅。人人都佩服思充识才的慧眼，（倪元璐，号鸿宝，天启进士，官至户部尚书，翰林院学士）。此后，蔡思充调进刑科工作，在万历四十至四十六年，历任吏、户、礼、工科给事中，都给事，均政绩斐然。后晋升为太常、光禄二寺卿，常直言时事得失，触犯了权宦魏忠贤，魏忠贤进谗言，蔡思充被罢官，只好回归故里。

　　由于叶向高等一班官员的保奏，蔡思充官复原职。蔡思充复职后，又与叶向高（福建福清人，万历进士，历任礼部尚书、东阁大学士），李邦华（河南汝宁人，万历进士，历任都给事、左都御史）和李三才（顺天通州人，万历进士，官至漕运总督、凤阳巡抚，加兵部尚书，移户部尚书）等，竭尽努力上疏表奏，谏劝神宗皇帝不要派宦官任矿监、税监到处搜刮民财。当时，以魏忠贤为首的阉党，私自开发矿物资源，铸造钱币，走私贩私偷漏国家大额税收。引发全国各地民众先后开展多次的大反矿监、税监的斗争。根据这一情况，叶、蔡、李等几位重要朝臣上疏抨击矿税之害，并指出矿监、税监所造成的社会危机，奏请立即罢去在任矿监和税监的宦官之职。当时，虽深受朝中绝

拜访古代先贤

大部分士大夫的推崇和赞同，但他们屡与权宦魏忠贤抗争，导致引发了激烈党争。首辅叶向高，被阉党指为东林党魁，蔡思充因此遭受排挤，不得已他又弃官回归故里。

明天启元年（1621年），东阁大学士叶向高复位首辅，经左都御史李邦华等表奏，蔡思充恢复官职，任南太常寺卿，不久，又转调晋升为刑部侍郎。因上疏极力陈述科场腐败之风，以及揭发庐州、芜湖关等地的数起大弊案，实有利朝纲之振，因而，思充就被朝廷晋升为工部尚书，历三年移任刑部尚书。他与叶向高、李邦华等继续上疏揭发科场关节丛弊：如礼部侍郎赵僖启曾为乡试和会试主考，从复核礼部试卷中发现孙承忠在主持江南会试时，其所选丁伟、姚希孟、周顺昌等五名皆系一代名臣之后，而无视纲纪草率从事，居然为他们进行科场作弊等案。蔡思充及其门生倪元璐和缪昌期亦不畏阉党权势，致力弹劾魏忠贤阉党的旧案，列举魏党的二十四大罪状。但由于案件与魏忠贤多有直接牵连，天启四年，他们反而被魏等诬为忤旨私窜宫廷。熹宗昏聩无能，要治他们的罪，幸有阁臣叶向高等力保始免。

万历末年，明朝皇帝荒于朝政，军备废弛，内外交困。天启六年（1626年），北方女真族"后金汗"努尔哈赤屡率强悍之兵，南侵大明。明廷虽曾派兵抵御，却连遭败绩，形势日危。蔡思充立即协同大学士叶向高、孙承宗及辅臣李邦华、周廷儒、成基命、钱家修、余大成和程本直等上疏推举身为邵武县令的袁宗焕和将领满桂、何可纳等，陈述他们虽位低职微，却时刻深忧国事，他们熟悉边情，了解战局，能担负起保卫国家的重任。获准后，袁等几位分别被委任为兵部职方和大将。当时，文武商议定策，一致认为先带兵救援宁远，接着，高垒城墙屯驻防守宁远。用此策略，使后金四年间不敢窥视明朝边境。蔡思充、叶向高、袁宗焕等自参与军督以来，受命危难，为国不顾身家。他们亲临军营战地，皆深具胆识谋略，终以三获大捷（即宁远、宁锦、己巳京师之战等大捷），给后金以沉重的打击。

天启七年（1627年），后金进陷广宁等地，举朝震恐。越年大明思宗皇帝即位，改崇祯，他罢免了宦官魏忠贤。崇祯八年春天，内生民变，张献忠攻克凤阳，明朝统治者惶惶不可终日。蔡又与南京官员上疏抨击内阁首辅温体仁（浙江乌程人，万历进士，后为代首辅）等人，指斥他们阴结党羽，排挤异己，图谋起用魏忠贤余党，暗中诬陷忠良，做罔上诬下等误国行径。崇祯十五年五月，清兵再袭锦州，李自成农民军亦进围开封，使京师一片混乱。蔡思充在南京同文武官员再次一起上言，并提出"别忠佞，以安人心为本策"。将治民之君的天子和一般平民百姓置于上天面前，并使二者处于一种平等的地位的"天民"主张。此堪谓为中国传统之民本思想的升华。而其法制、德治、廉政以及实政、实心的主张，更显示出他的政治才华。这一年六月，蔡思充因病乞归。归途中，八月二十四日，蔡思充在莆阳逝世。钦赐祭葬，赠兵部尚书，太子少保，故后世称他为"三部尚书"。其门生倪元璐为他撰挽联曰："云山漳水同千古，万历崇祯第一人"，蔡思充的墓葬，择址于今漳浦县城东门外号螺村（后称石马村，原即以此墓前镇墓石兽中的石马周边占建房屋，故名石马村），墓至今尚存。夫人张鹤娘，诰封一品夫人，逝世后墓葬在其娘家云霄菜埔村外东南隅磨盾山。

还必须特别指出的：当蔡思充第二次被罢官回原籍期间，他原所倡建的下河城堡，因续建城堡资金拮据，他带头捐资，并邀集该村中富户"楼底公"等资助，天启五年续建竣工。建成后，下河城堡周长200余米。高6米、厚0.6米，外有2.4米环城路，内半墙有1.8米通道（俗称跑马道），至今尚存。天启六年春，蔡思充仍住下河村，协力农事，发动乡民开凿两条引水渠，计2.5公里，架设汲水筒车15座，兴修水利引水灌溉坝洋、车墩两片旱地改水田面积450多亩。他还为夫人张鹤娘（出生于莆美，长成于菜埔，首辅叶向高曾称赞她"心量宽广，涵养深醇"）娘家菜埔"四堀"（四堀为小土名）拓荒围垦造田200余亩等，为公益事业竭心尽力，惠泽于乡，其功绩让乡民感念殊深。

送友人之岭南

[唐]李 郢
关山迢递右交州，
岁晏怜君走马游。
谢氏海边逢素女，
越王潭上见青牛。
嵩台月照啼猿曙，
石室烟含古桂秋。
回望长安五千里，
刺桐花下莫淹留。

拜访古代先贤

53

◎ 收复台湾立下大功的何斌 ◎ 汤毓贤

何斌（1604—？年）又名廷斌，平和县何地（今云霄县马铺乡枧脚村桥头自然村）人。天启四年（1624年），何斌迁居台湾岛，随从纵横闽台海上的武装集团首领郑芝龙开发赤嵌，他是移民中较有学识之人。崇祯元年（1628年），郑芝龙在海上受明廷招抚，何斌等人不愿跟他就抚，便相约组成一支船队打算返回台湾。不料船行半途，被另一股海上武装打垮，只有一条船逃出重围。船漂流数天后，在台湾大线头触礁沉没，何斌被风浪卷上岸，成为唯一的逃生者，从此留在台湾。时值荷兰殖民者占踞台岛，强迫民众缴纳土地等租税，实行强制统治。因生计所逼，何斌为养家糊口，受聘于荷兰殖民者。因他很快通晓荷兰语而受到赏识，荷兰东印度公司聘他为荷兰通事（翻译）和会计。荷兰人管他叫"斌哇"。

何斌虽然受雇于荷兰殖民者，但却看不惯荷夷势力的扩张和掠夺，并没有真心为其办事。当他看到台湾民众在侵略者铁蹄下过着痛苦的生活，又目睹了荷夷残酷镇压郭怀一起义、屠杀8000名台湾人民的暴行后，他深爱着祖国宝岛，时时不忘报国驱荷。清顺治十五年（1658年），在郑成功实施对台经济封锁时，何斌第一次跟荷兰代表到厦门会见郑成功，谈判通商事宜，即暗中以郑芝龙旧属的身份激励进言郑成功挥师东征，力主收复故土台湾。但此时郑成功正积极准备北伐攻打南京，便趁机委托何斌在台湾暗中代征货物出口税款。凡是来厦门贸易的货船，可由何斌在台湾代收税款，以防偷漏。何斌果然不负所望，把这件事办得很出色。他暗中联络船户，执行国姓爷的命令，使货船不是在台湾先交税给他，便是立了保结后到厦门补交税款。经一年七个月，先后共代收18万两税款，陆续运交郑成功手中。

顺治十七年（1660年），何斌第二次跟荷兰代表到厦门。这次荷兰人前来，是企图逼使郑成功放弃收复台湾计划的。何斌仍然暗中谒见郑成功，说台湾不仅是太师（郑芝龙）的基业，更是中国神圣的领土，要解救台湾人民于水深火热之中。并随即向郑成功呈上一张详绘台湾岛山海形势的"台湾地图"，指明荷夷布防和船舰活动线路。不想这次回台湾后，他为郑成功征税之事，被荷兰人所觉察。可是他们一时找不到证据，竟诬赖何斌贪污渎职，"中饱荷兰公司的20万两款"，将其解聘并处以重罚。

何斌虽被解职，但仍秘密探索港路情况，为郑氏大军收复台湾做准备。他发现台南鹿耳门（鹿港）是外海船只入台的必经航道，港路凶险，大船却皆望而怯步，故荷兰人疏于防范。为此他多次寻访熟悉海湾水域地形情况的渔民，了解到有一条虽然弯曲但犹可绕礁泊岸的安全港路航线。并托助手郭平扮做渔夫出海，在赤嵌城到鹿耳门之间打探水道，从而他精心绘制一张标有水线深浅的详细海港导航图，乘元夕之夜第三次潜渡海峡，献给郑成功。他当面献策云："台湾膏腴沃壤，奖励垦荒，则兵食无虞；北则淡水、鸡笼，有硝磺之矿，桅舵铜铁，无缺用之虞。置船兴贩，可以远通外国。移诸镇眷属东渡，十年生聚，十年教养，国可富，兵可强，进可攻而退可守。"并口述鹿耳门港路的布防情况。郑成功不禁喜出望外："此殆天之使公授予也！"就将其秘留军中，协助制订攻台方案，准备充任大军向导。

郑成功采纳何斌的建议，又详细阅读地图，获悉水路不从炮台前经过，即已成竹在胸，志在必得。次日，他马上召集诸侯伯、提镇、参军等文武议事，下达收复台湾计划："我细阅台湾地图，田园万顷，饷税每年可收数十万两。侨民云集，若要造船制械，也不患无技术工人。其地被红夷占领，然而城中夷房，不上千人，从金厦进兵，唾手可得。"顺治十八年（1661年）二月，郑成功留兵官洪旭、前提督黄廷守厦门，族兄郑泰守金门。自己统率十一镇官兵出征。派镇守澎湖的

游击洪喧为引港官，配合何斌引导郑军渡台。部署停当后，传令舰队在料罗澳（金门）集中。三月二十三日，郑成功以"南明王朝招讨大将军"名义，率战船400多艘、将士2.5万名自料罗澳出发，攻下澎湖列岛，又留杨广、杨祖守护澎湖。三月三十日，郑军在继续进发台湾时，猝遇大风浪。四月初一日，船队在端坐斗头的何斌领航下，安全地避过敌人炮火和险要暗礁，迂回绕过台南赤嵌，乘风势直取台中，出其不意地攻进鹿港。船队登陆禾寮港后，何斌请急占领仓廪，确保物资不受破坏，从而使东征大军从敌人手中获得大批物资。同时又广为征粮，以充军用。郑军稍作休整后，分水陆两路向台南赤嵌城进发。在当地民众支援下，攻占荷兰总督府，击溃荷夷从巴达维亚开来的援军。经十个月多的激烈战斗和重重围困，于康熙元年（1662年）二月一日，威逼荷兰总督揆一签字投降。从而收复了被荷兰殖民者沦陷长达38年之久的祖国神圣领土。何斌也就成为郑氏复台的第一功臣。台湾收复后，何斌随郑成功巡视各地，何斌既当向导，又作翻译，使汉族与高山族民众更加亲密无间，为建设祖国宝岛作出积极的贡献。

有关何斌的情况，江日昇《台湾外记》、杨英《从征实录》和阮旻锡《海上见闻录定本》等史料载录甚详，足见他在驱荷复台斗争中的重要作用。

◎ 台湾《诸罗县志》 ◎ 郑 镛 张煌辉
主笔陈梦林

陈梦林（1655—1730年），字少林，漳浦县陈岱乡（今云霄县陈岱镇岱南村）人，晚年居处悬匾"他斋"，人称"他斋先生"。父陈肇毅，世居云霄，时遭兵乱，迁居广东潮州，生梦林。梦林两岁时，母丧，由父友浙人林雄抚养，从小就受到良好的家庭教育，熟读诸子百家，勤攻诗文，尤其喜欢经时济世之学，亦涉猎兵书战策，心怀大志，胆智超群。因不愿老羁户牖之下，年轻时，便与有识者结伴游历粤、越、滇、黔间。故梦林于康熙二十五年（1686年）以贵籍学子应乡试，名列榜首。当时，黔州牧（刺史）黄虞庵嘉赏其才学，很想帮忙引进陈梦林入太学。但陈梦林无意仕进，请求返回祖籍地云霄陈岱，时年31岁。

康熙四十六年（1707年），浙江宁波人陈汝咸任漳浦令，召集县内儒生讲习理学经典，梦林应邀加入，他的才识人品受县令的器重，被推荐至福建巡抚张伯行设立于福州"鳌峰书院"，参与修订选辑宋儒理学典籍。康熙五十年，原黔州牧黄虞庵奉调抚闽，就以礼相待，请梦林入内署为幕僚。梦林担任幕僚，能尽心尽力协助平定地方啸乱，且独具胆识，初显经世之才。不多久，因养父林雄家中连逢哀丧，遗孙名圣祥，孤小无人扶养，梦林闻讯，就变卖部分田产，立即亲自到浙江探视与资助孤小的林圣祥，以报前恩。

康熙五十五年春，陈梦林自富春江买船南归，归途中，接受台湾诸罗县令周钟瑄的聘书，转渡台海，至该县协助纂修《诸罗县志》，时年已61岁。诸罗县令周钟瑄，系贵州人，他久慕梦林之名，又雅意文教，且时际修志之风正盛，因而礼聘梦林到该地与李钦文共同负责《县志》主笔与总编纂之职。《诸罗县志》的修撰始于康熙五十五年秋八月，历时七年，至雍正二年（1724年）完成，由督抚核明并奏准付梓成书。陈梦林主修的《诸罗县志》，以严谨的治史态度、详尽的科学考据，加上执笔者广博的学识，洗练的文笔，博采诸罗县之历史、地理、军事、文化、民俗等事，篇章分明，记述翔实，是以成为地方志书的典范之作，备受后世诸多史学家、学者的高度评价。

拜访古代先贤

◎ 秋瑾烈士出生在云霄吗

◎ 吴秀峰 张瑞莹

故郡 云霄

【海峡二十七城市历史文化系列】

秋瑾烈士是20世纪初期我国的一位坚强的民主革命战士，是时代觉悟的前驱者，特别是她从一个家庭妇女，出身在封建社会里，竟有这样远大的眼光和抱负，对国家民族如此深情热爱，并且为革命事业而贡献出宝贵的生命，更是难能可贵。

关于她的事迹早已脍炙人口。在史学界，关于她的出生地有几种说法。有人认为，秋瑾是在云霄出生的。

秋瑾烈士的祖父名嘉禾，号露轩，满清举人，浙江绍兴人。光绪四年戊寅（1878年）署理云霄厅同知（我县于清嘉庆三年设厅治，属漳州府，民国二年始改县），于八月二十一日到任。初住"七先生祠"（在今云霄城内衙脚专祀设厅以后对群众有惠政的贤邑宰）。冬至后其子、媳眷属到齐，搬入官衙居住（衙址现为云霄高中校舍）。翌年己卯（1879年）九月间，生一女孙，取名瑾，（瑾字谐音或许与云霄方言有关。盖这里凡是女孩子一律叫做"女查瑾"），并在北门社雇一民妇为乳母。关于此事笔者曾问过一位现年（1960年）96岁的周姓老人（周庆云），言之历历（其祖父周情，咸丰九年己未科举人，是一位名"孝廉"，又住家近官衙）。于此可证烈士是在1879年出生的这一事实。

露轩公虽是封建社会的官吏，但还颇能接近人民。在任内省讼、简政，治绩卓越，当时民间称他为"秋老大"，（云霄方言尊称家族长辈为"老大"，即老大人的简称）。光绪七年辛巳（1881年）四月初十日离任，全城各家门口者悬"官清民乐"的纸灯笼，治途爆竹欢送，并于五里亭立"去思碑"，以志甘棠遗爱。

露轩公长于书法，云霄现在藏有他的笔迹（对联条幅）者还很多。光绪十五年（1889年）四月，露轩公再度调任署理云霄厅事，至翌年八月卸任。相传其孙女这次亦随任前来，经常来衙署里读书。当时本邑风气闭塞，正如"精卫石"里所说的"女子从来不使学，读书专重是男身"。对于女子读书，颇引为奇闻，所以印象特别深。因此云霄人以此证据认为，秋瑾烈士乃出生于其祖父在云霄首次任职期间。

陈将军庙

[宋]蔡 襄

曾凭水栅誓长江，
报国全躯事不双。
力屈已嗟关羽死，
势孤犹笑李陵降。
宿坟古剑龙腥匣，
坏壁龙旗兽缠杠。
神理高高人意近，
楮钱祈福暗尘窗。

感悟绿色山水

　　岁月存古意，山水有清音。深具历史文化内涵的漳水云山，堪谓一草一木总关情。这自然景观之美，人文典故之浓，相得益彰，诱人向往；尤其令文化艺术界人士每每为之心仪、倾慕，以饱含热忱的笔墨，来谋篇构图，为其赞誉。现刊载部分文稿，借以抒发云霄人尊史爱乡之衷怀焉。

南朝梁山以南云霄一带地属绥安县地图

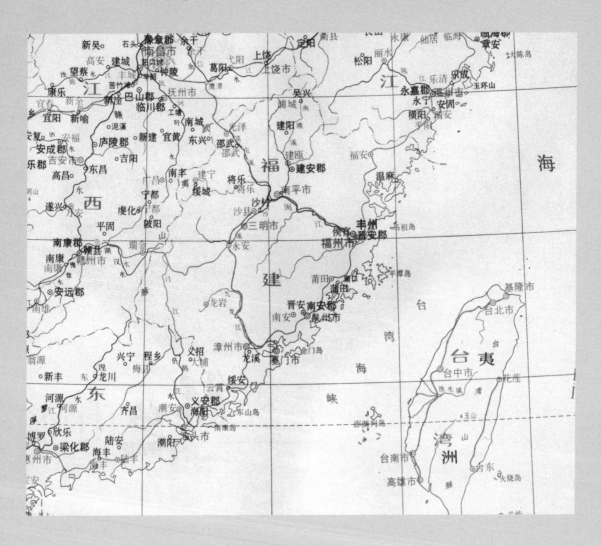

巍峨将军镇云霄

◎ 唐镇河

　　将军山系闽南名山，位于国家历史文化名城漳州发祥地的云霄县城西郊，因唐仪凤二年（677年）葬奉诏戍闽的归德将军陈政而得名。它与漳江东岸的大臣山对峙，东临云霄县城与江滨平原，远眺漳江入海口和海上石矶塔，宛如一位威武的将军雄踞于天地之间。

　　常言道，山不在高，有仙则名。将军山也不例外。因为长眠着老百姓心中的神仙——陈政将军，它成为一座名闻遐迩的名山。将军山历史文化积淀深厚，既有得天独厚的地理条件，又有丰富的历史文化内涵。史料记载，早在5000多年前就有先民繁衍生息。据传，汉东越将军骆力相中这块易守难攻的地形，曾在山上驻扎军队。这里有唐朝陈政、陈元光将军屯兵的下营和将军庙遗址，开漳将校习武练兵的演武亭、军礼巷和放牧战马的马坑，以及展示陈将军豪迈雄风的磨剑石和试剑石；这里还有南唐时期建造的普贤寺，宋末元初农民起义军陈吊眼活动的营盘，清天地会早期秘密活动地点下普庵。20世纪三四十年代作为闽南革命根据地重要组成部分，张鼎丞、邓子恢、陶铸、叶飞等开国将领曾在这里与敌人展开艰苦卓绝的斗争。

　　信步走进将军山公园，映入眼帘的是广场正前方一棵枝干苍劲、盘根错节的巨伞形状古榕树与公园大门遥相呼应。大门上方悬挂着原中央军委副主席刘华清上将题写的匾额："将军山公园"。进入东大门，经后广场，一汪晶亮清澈的人工湖——"龙湖"碧波荡漾，蓝天白云倒映其间。"龙湖"边紧靠着公园主体建筑"归德楼"。归德楼共三层，楼高21.9米，左右分别衬托古朴典雅的茗香榭和令人神清气爽的纳凉亭。归德楼由开漳历史文化中心纪念馆、文化馆、博物馆环绕着。在开漳历史文化纪念馆前面的祭祀广场，耸立着陈政、陈元光的巨型雕像，两位将军容貌栩栩如生，目光敏锐，饱含深情地注视着远方的青山绿水，稻田蔗浪……

感悟绿色山水

越过横跨湖面的石拱桥，经由桂花飘香的山间幽径，漫步进入公园的主体建筑、历史文化区的核心——陈政墓园。大门上方悬挂着中共中央政治局委员、原中央军委副主席、国防部长迟浩田上将题匾"陈政陵园"。陵园左前方第一庭院大门两侧分别镌刻着唐、宋、元、明、清历代诗人歌颂开漳业绩的诗篇。第二庭院的开漳书法碑林汇集662位政要名人、将军的题字题词。

向来，人们习惯把对国家、社会做出卓越贡献的人物奉为神明。在闽南人民的心目中，陈政、陈元光将军不仅是智慧和正义的化身，而且还是保护百姓消灾除祸的神仙。

遥想当年，陈政父子率兵开发漳州立下的不朽业绩，云霄人民一直牢记他们的恩情。唐总章二年（公元669年），承袭父业的陈元光将军在云霄建置漳州府，实行屯田、兴修水利、创办书院，将中原先进技术和灿烂文化带到闽南各地，从此，云霄县变成人丁兴旺、五谷丰登的净土，老百姓把福祉归功于这些开漳先哲。出于对英雄的崇敬和热爱，人们给他们建祠立庙，虔诚祭拜，依然相信他们能够像活着时候那样保境安民。因此，每当老百姓有了小灾小病，就会来将军山求拜，碰上不顺心的事就来诉说，感到前途未卜也会来许愿，一旦愿望实现了，再来烧把纸钱，供杯白酒，放串鞭炮，添点香油……所以，这里长年香火袅袅，绵延不绝。

作为一种精神象征和文化载体，将军山以其独特神韵向世人昭示着它无穷的魅力，吸引着历代文人和中外游客慕名前来。凡是到云霄的客人，几乎无一例外都要到将军山拜谒祭奠陈政将军的英灵。先后登临将军山或为它题词的历代名人有林偕春、林则徐、吴原、陈景隶、蔡襄、秋嘉禾、秋瑾、陶铸、张鼎丞、邓子恢、叶飞、彭冲、贾庆林、习近平、程序、陈明义、连战、江炳坤、陈力夫等。宋陈景肃《试剑石》诗"将军大宝剑，磨久苍崖斑。一日试利刃，断石倚两山。倒地泉如碧，生光斗牛丹。至今胡虏过，目顾骨先寒。"从容平静的语调，不事渲染，但从字里行间，仍让人感觉将军威武的形象血肉丰满，一股英雄豪气扑面而来，荡涤心扉。宋漳浦县令吕寿《威惠庙》感赋：

感悟绿色山水

"唐史无人修列传，漳江有庙祀将军。"透过诗句可以看出，民间对陈将军的恒久纪念是群众发自内心的真诚拥戴。明代翰林院编修林偕春撰写《唐将军用韵二首》这样吟唱："将军遗像肃炎方，奕奕威名起盛唐，万里版图皆草昧，千秋祠庙齐辉光……英风义烈凛当年，庙貌长存海国天，一自荆棘披血战，云霄王气至今传。"诗中用海一样宽，天一样长来比喻陈政陈元光将军给闽南人民带来绵延不尽的恩泽，表达了一代名臣林偕春对开漳圣贤的无限敬佩和仰慕之心。

云山自古藏灵气，漳水从来毓圣贤。古往今来，云山漳水哺育了许许多多的仁人志士，像林偕春、秋瑾、吴原等人都是在陈政、陈元光将军爱国爱乡精神影响薰陶下成长起来的杰出典型的代表。

雄伟壮丽的将军山，以它巨人般高瞻远瞩的恢弘气魄，不露声色地彰显着开漳圣地深沉浑厚的文化底蕴，乐观豪迈地镇守着千年古郡丰收在望的锦绣家园。

臣岳扶曦溯云山　◎方维　艾林

　　云霄八景之一的"臣岳扶曦"，乃是以今之县城以东1公里的漳江北岸"大尖峰"谓为"大臣山"（俗名大人山），亦即明代以后的文人学士始称其名为"云霄山"、"大臣山"，雅称"云山"之岳是也。此山峰挺而坡长，海拔高度530米。自此山得名以来，当地的文人雅士以其每天清晨曙光初露时，先照染此山，形成霞光万道，托出丹阳于山巅之背，景观奇佳，故雅训之为"扶曦"之岳。翻开旧时云霄地方志书，述及云霄著名景观的，其实就有数处胜景凝聚于此山下的漳江之畔。且看那沙湾尾北的"狮港秋潮"，篮兜山前的"悬蟾钓鳌"，东坑村后的"铁豕逃林"，以及那二尖峰下的"巨象汲水"等等，若加上这些又何止"八景"？窃思之，此现象或曰"美不胜收"之原故焉。大臣山之美，不仅在其自然的美景，更有其丰富的历史人文内涵。譬如：云霄自明中季建云陵之镇城以来，便以西隅的"将军山"为邑城的后镇之山，堪舆者称之"主山"，俗谓"靠山"也。由此相对而言，人们理所当然地视此"臣岳"为宾山。可是宾山却比主山高，因而云霄民间常有传言：凡游历或履职云霄的外乡人士，多有感慨"云霄山好水好人更好"，认为云霄人对待外乡宾朋热忱有加，皆"山川地理所然"云云。历来云霄人的确特别好客，故使云霄又形成闽南的物资集散地，自古便是漳南著名商阜，故亦被誉为"清漳重镇"。此虽似无稽之谈的题外话，但这些颇有情趣的"题外"之音，却是因大臣山而起，此间无妨顺笔记下。诚然，或许是大多数人未必尽悉云霄大臣山其名称的由来，尤其是此山之名在云霄历史上却曾几次移易，才会出现某些名谓之讹误。际此亦须略作勾沉，以明其名称之沿革，知其含义之掌故。

　　据查考《潮州府志》、《东里志》、《越绝书》等相关文献史料，悉此山在未得其名之前，因云霄地于秦、汉时期，隶于岭南的"南越"，

属境北端山脉皆谓为揭阳岭，时称其中一高峰为"贵人山"（即云霄山的前名，而且此山亦非今之云霄山）。晋代始置绥安县治于此，仍属粤省所辖（故址即今火田镇后埔、新楼、顶江至庐仔坑一带），而此一县治以北20余里处，便是连山（古称揭阳岭，后称梁岳连山）最高峰为海拔1076米。其实此峰于西汉时，因南越国疆界及此，至南越王赵陀的后人赵建德继立为王时，为感念乃兄赵高昌让位之恩，遂将此处揭阳岭"连山"易名为"高昌山"。这座高昌山，也是后世人们所谓的梁岳中峰。是故这梁岳对面溪流的东南方，有一山名为拜岳（即此后的唐代陈元光将军殉国处）。这梁岳"高昌山"峻伟壮观，人们若是自此山再逾古代南越故关界岭后，回望这高昌山向西南延伸起伏的山脉，20里之内便至大崎原（后称葛布山）。但见迭宕连绵之山势何其巍峨，时人曾叹为观止。相传此处 在古代有"文官下轿，武官下马"之说，亦因其高耸云天，令人望而顿生敬畏之感。唐陈元光于《落成会咏》诗中，描写此山高凌霄汉，诗句以"云霄"对仗"日月"。又如古漳州城辟置的三城门中，依山势而建的西门名"云霄"，实本于此。

玄宗开元四年（公元716年）因此地猝发瘟疫，继治漳者遂从云霄境迁州、县治至李澳川（今漳浦县城地）；70年后，陈元光的后人又以避疫灾而再徙州治至龙溪（即今芗城区），后代人于龙溪新州城肇建城门时，其一亦曰"云霄门"。考其缘由，乃因眷念古绥安县治的"主山"云霄山之高，遂取之用为新建城门之名。然而，"开漳"立郡之初，云霄地方及以南百余里地域，则从此改隶于福建。

但至明代中期之后，此山名又被移冠于邑城东隅漳江北岸的"大尖峰"。近代人臧厉和所编撰的《中国地名大辞典》中之"云霄山"条目下，即明确考定是时的云霄山乃指今漳江北、镇城东的"大臣山"，也就是被明代文人学士所雅称的"云山"。因而后来的云霄八景之一"臣岳扶曦"，已是指此云山为"大臣山"了。自此之后，古时的云霄山（大臣山）却随着岁月的推移，反而逐渐被世人所遗忘。阅史至此，或许有人尚未能释疑：既然这样，那么两千年前的高昌山、一千年前的云霄山今在何处？其实"他"并没有随着时光的流逝而离弃我们，而是也在那七八百年前，已无奈地得了个俗名，叫"大帽山"，迄今仍稳座于火田镇白石村附近；至于古老的揭阳岭、高昌山，乃至大神之山等名称，亦已先后在"开漳"立郡的盛唐时期，随着云霄境域的改隶福建，其山岭之名也被粤东的人移植到潮州、潮阳一带。但能让云霄这"老揭阳岭"感到欣慰的是，迄今在云霄境内繁衍生息的人们，世世代代都没有忘记祖先的饮食习惯，就连民间观赏戏曲，也都还偏爱潮音、潮曲。还有原来建在"老云霄山（即原高昌山）"西南麓10余里处的那座晋代"绥安"县名，也已在唐玄宗时期随着漳州郡治和漳浦县治的迁徙，在"李澳川（今漳浦县城）"落了户。正因为如此，"老"云霄山应是无怨无悔，而"新"云霄山（即现在的大臣山）当然可以心安理得地习惯这个已经用了七八百年的所谓"臣岳"——云山。

云山永不老，漳水万古流。这深蕴内涵的云霄地理山川，何止以其山光水色之美而引人钟爱，更有诸多璀璨耀眼的历史人文轨迹，常年不离不弃地闪烁其间，这或许是"云霄贵宾朋，宾朋恋云霄"之缘由？有祈方家赐教。

感悟绿色山水

◎ 走近红树林

◎ 常思照

　　站在东厦镇竹塔村东头，放眼眺望，前面是一片郁郁葱葱的红树林，它柔情依依的冠盖，宛如一条绿色的绸带缠绕海滩，令人赏心悦目。

　　涨潮了，海水缓缓地漫过滩涂，逐渐淹没红树林的树身，只留下婀娜的树冠在海浪中摇摆，颇有"犹抱琵琶半遮面"的风骚与情趣。退潮时，红树林慢慢浮出水面，她像一群刚刚沐浴过的窈窕少女，妖娆多姿，她纷披着碧绿的秀发，赤裸着柔曼的腰身，痴痴地看着徐徐离开的海水，仿佛送别踏上征程的情人，那是一种依恋和伤感，更是一种无法言喻的刻骨铭心的甜蜜与惆怅。目睹这诗意般的景象，内心深处的那份感动在冲撞奔涌着，令我久久难以平静思绪。

　　在严酷的环境中，为了繁衍后代，红树植物形成一种奇特的"生育"方法：胎生。红树的种子几乎不经休眠，还没有离开母体植物，便在果实中萌发了。当种子长成一个末端尖尖的棒状体幼苗时，一阵风吹来，便把幼苗从树上抖落，垂直地掉了下去，插入母树周围的软泥中，几小时后会长出嫩叶和支柱根，将幼苗固定在滩涂上。若是此时恰逢涨潮，

幼苗就直立着随潮水漂流，这些新的小生命，顽强地在海里漂浮着，它们豁达而乐观，随性且自由，有时在海水中漂几个月，甚至长达一年也未能找到它生长所需的环境。然而，一旦遇上条件适应的土壤，幼苗就能继续生长发育。于是，红树的家族便在陌生的地方繁衍生息，辽阔的沧海桑田之间又增加一处生机蓬勃的绿色家园。

每年冬天，从西伯利亚赶往南半球的候鸟们在飞行了数千公里之后于福建省云霄县红树林中停留，补充能量，然后才能继续前行目的地。据测算，每年大约有十几万只候鸟飞临云霄竹塔港湾红树林自然保护区。飞翔在碧波荡漾的海面上，我们惊喜地看到，嬉戏跳跃在红树林中的鸭科、鹭科鸟类在安详地觅食。它们有憨厚淳朴的绿头鸭、滑稽可笑的斑面海番鸭、举止优雅的白鹭、乖巧伶俐的豆雁，还有稚气天真的黑嘴鸭、小杓鹬等国家二级保护鸟类，尤其是世界濒危鸟类黑脸琵鹭也在这里筑巢安家。

在红树林下、潮间带滩涂中，养息着弹涂鱼、龙虾、螃蟹、泥蚶、泥螺、鳗鱼等多种珍贵海产品。多次来云霄调查考察的著名红树林专家、厦门大学教授林鹏先生撰文：红树林生态系是世界上生产力较高、生物种类繁多的生态系之一，它为2000多种鱼类、无脊椎运动和附生植物提供了栖息地。有大量的红树林植物枝、叶、花凋落腐烂后释放出的营养物质是水生动物的直接或间接的食物来源。据统计，云霄县红树林每年每公顷掉落物为6310－12550公斤，分解之后，富含蛋白质的有机物碎屑和无机物，是软体动物、蟹类和多毛类蠕虫等滤食性、碎食性和泥食性动物的饵料来源，这些初级消费者又成为次级消费者的饵料。红树林生态系统真是一个造福人类环环相扣的良性生物链。

有关资料介绍：红树林还有造陆、护岸、固堤、净化海水、防止环境污染等功能。近年来，红树林吸引许多海内外的专家、教授及新闻工作者来参观调研。

某些业内人士都觉察到了，红树林不仅具有可观的生态经济效益，还有潜在的旅游价值。从发展的眼光看，红树林保护区得天独厚的优势非常明显，它距离漳江口风景点石矾塔不到10公里，毗邻高溪楼天地会会址只有2公里，三个风景点相得益彰，相辅相成，这就使保护区具有很高的旅游价值。

红树林保护区拍摄专题片，对红树林做了宣传报道，大大提高保护区的知名度。同年3月份，福建林学院有关领导组织一批研究人员对

红树林进行专项调查，并对红树林的管护及发展作出肯定的评价和科学的建议。

红树林海岸神奇幽静，秀丽的景观美学价值，使其成为游客休闲、娱乐的适宜场所，无论是漫步堤岸，或是泛舟林间，都能让游客感到眼界开阔、心胸舒展，满足他们回归自然，远离尘嚣的心理需求。

跟我们聊起红树林自然保护区的未来，方柏州站长充满憧憬地说，旅游业是自然保护区首先要考虑的最好形式，只要我们采取科学的管理和合理的开发，红树林肯定会成为一座取之不尽、用之不竭的宝库；红树林一定会成为集保护、教育、研究、娱乐观光为一体的著名风景区。我相信方站长的预言。红树林以它宽广博大的胸怀，荫庇着海鸟、鱼虾、贝壳等各种生物，保护着漳江两岸的百姓年年安居乐业。这是多大的幸事！采访归来，陶醉在有关红树林的无限遐想之中，我的脑际不禁浮现出一幅幅清晰绚丽的画面，信笔写下一组诗歌，特地摘录如下：

信笔写下一组诗歌，《采风红树林》（四首）。

一

风雨泛舟红树林，沙鸥款款献殷勤。
笑颜花伞忽成趣，结伴诗书载酒行。

二

空气清新不染尘，鱼虾海鸟绕船弦，
柔波软浪消烦暑，醉抱箫声惬意眠。

三

乡间僻壤问桃源，走兽飞禽戏乐园。
翠色蜿蜒颇养眼，水波云影共缠绵。

四

朦胧雨幕风微寒，梦幻春光近眼前。
白鹭知音迎远客，竹篙轻点一重天。

◎ 云霄古岩画赏奇　◎ 方群达

　　所谓"岩画"，是指原始社会未有文字出现之前，古人类在举行祭神或其他重大社会活动时，于崖壁巨石上面凿刻下的不同图像和符号，如今学术上称之为岩画，岩画多了便成"群"。云霄岩画已知的遗存地点有仙人峰、青崎、黄峰等几处，但唯仙人峰最多、最奇，也最引人瞩目。神秘的云霄仙人峰，堪谓为本县著名的"八景"之首。这里不但遗存着大量"史前文化"的待解之谜，而且自唐、宋、明、清历代以来，还相继留下了不少传统文化遗迹，千百年来都在吸引着海内外游人墨客的向往。

　　若以年代为序来列数此间的古迹，当首推散存多处的"古岩画群"最引人遐思。这些各现奇观的古人镌刻，神秘怪异，内涵丰富，足以令每一游客拄杖凝眸，百思难解。这仙人峰岩画，据来自全国各地的专家学者考证，均已逾五千年甚至有万年以上的历史。这里的岩画，分布较广，已被发现的主要在那俗名为"仙字湖"及古刹"仙峰岩"

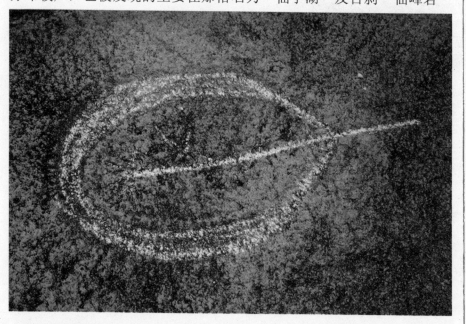

感悟绿色山水

71

后面约50米至300米处，共有10多组之多，此峰北坡山下的临海处，即青崎村外亦有岩画遗存，且都是阴刻线条组划成形，也有少数是凿挖或磨划而成，虽均已历经千万年以上的风雨剥蚀，但仍可看出其明显的人工运作痕迹。这些岩画的图像之多，形状之奇，在福建省境内迄今尚属罕见。1988年初，笔者首次发现这些岩画，在《中国文物报》（1988.2.26）头版头条刊发；未几，中央电视台（一套）亦到此翔实拍摄并播映了该现场的考古实况，且于当年被国际社科文组织公布为"世界珍闻"之一。是年秋，国际岩画研究委员会执行委员、中央民族大学著名教授陈兆复，亲率浙江、福建等省的社科院、博物馆、文管会以及厦门大学等30多位专家、学者专程到仙人峰考察、鉴定，当场肯定这次的发现具有重大史学价值，并为此命名为"云霄仙人山古岩画坪"，在学术界颇轰动。

细析这些驰名国内外学术界的岩画，形象怪异，有的像人、有的像鸟，有的像蜥蜴、有的像牛羊，也有的如字似画，令人难以识读，还间或出现几处属古人类最为注重的"生殖崇拜"图形，让人浮想联翩，各有识见，总难论定。尤其是在古刹"仙峰岩"后的那座巨大的石崖上端，竟然有古人刻划着一幅"山川、日月、行星、人娃"等形象的"天象图"。这"天象图"的顶部，更为令人吃惊！何以见得？原来亦同是古人类刻存着一个极似现代科学发展中方有出现的"宇宙飞船"形状的岩画（但也有人认为或似海里飞跃出水的大鱼），其"飞船"的尾部还带着几条弧形的抛物线，下侧又有另一类似流星状的岩画，尾部也带有几条抛物线。这确实令人不可思议！

在"天象图"的底部，便是几处蜿蜒幽宓的洞穴石崖，皆深邃莫测，如"仙人锁穴"、"降龙归洞"。且看这"仙人锁穴"，又是一处难解之谜：高达30多米的两块巨石之间，便是一条宽约1米的通道，道长

约20米，幽蔽高深，令人悚然！特别是不知何故，这通道却被3条巨大齐整的条石叠竖封堵，阻挡了入穴之门。而这3条巨形条石，每条重约数十吨，表面粗犷，苔痕斑驳；通道的地面又有同样的一条巨石，却断为数截，平铺于夹道上。就这几条巨大规整的条石而言，便是现代机械也绝对无法在如此地形地貌上进行吊装，这岂不奇哉怪哉！究竟古人类是如何搬运并封住此洞口的？为何要封？洞内所藏何物？2009年4月间，笔者与漳州市文物普查队人员再上仙人峰，又于此山的仙峰古刹附近有了新的发现，即史前人类太阳崇拜的立体型"太阳石"，以及流星、悬鱼、人足印和生殖崇拜象征物等诸多刻划具象的"岩画"，颇具学术研究价值，再次引人瞩目。这一切奇观异象，亟待专家学者来解读和揭秘。

带着神奇的感觉，举目回望60米外的磐石上，便是一块"飞来石"，其体积是邻县东山"风动石"的2倍有馀，同样可用人力攒动，只不过它却藏在仙山人未识，今日让"她"初显真面目，想必从此有其忙于迎来送往、会客不暇之情景。可是你大可不必为之担忧，因为要与她争锋斗胜的奇崖怪石还多着呢！例如，"峰驼伫望"、"石象怀春"、"金蟾望月"、"牡牛朝阳"等等，形兽形禽、似碑似壁，惟妙惟肖，各显千秋，俱星布于坡峦峪涧之间。或遇初夏之晨，山中雾霭随风翻动，那景象简直就是一幅活动的画、一首无声的诗，让游客们莫不由衷叹服大千世界造化之神奇！笔者曾在此处的一座"山神土地庙"题有一联曰"闲情工石貌，逸趣弄云涛"，以区别于它处土地庙一味展"白发"、显"黄金"之流俗。因为仙人峰的满山嶙峋怪石，说是天然似非天然，说为人工却非人工，这似是而非的景象，莫道今人乍觉困惑与朦胧，更难怪古人均将这些归功于"神仙"，故有"仙人峰"名称之由来。

正因为此山的神奇秀丽，方有自唐至清历代文人学士和释门弟子，纷纷选择这一灵山胜迹筑室造寺，讲学谈经，如"龙泉岩"、"仙峰岩"、"七贤祠"、"龙湫岩"等诸多文物史迹，散存于此山的巨石古树之间，若隐若现，方使此处虽非仙境却胜似仙境。不信？有此间"隔尘关"石门内的清初摩崖石刻诗一首为证："摩空巨石自嶙峋，据此为关隔世尘；人世不知经万劫，而今依旧镇山垠"。

仙峰靓影映浮洲

◎ 方群达

仙人峰，亦称仙人山，离云霄县城东南7公里，有峻岭奇峰逶迤起伏延出海口。主峰称仙人亭，云霄八景之一的"仙人露髻"，指的即此山之峰崖奇美，有若仙女在瑞霭之中梳理云鬓，以江为镜，正顾影自怜。

仙人峰北薄漳水，南望渐山，层峦叠嶂，怪石嵯峨，海拔534.4米。游人登高远眺，四邻诸县及近陆海湾，尽收眼底，蔚为大观。此山不仅峻崖百仞，乔木千章，且有唐、宋、明、清历代诸多古迹，凝聚一脉，真胜地名山也。

仙峰之阴，有魏妈墓，是1000多年前的史迹。据唐宣威将军许天正撰《开国元勋陈克耕夫人魏氏墓志铭》载，陈政母魏氏"天授二年（公元691年）五月五日"逝于漳州治所，"享寿九十有三"，"元光以支孙承重……卜葬于云霄半径山"，墓前"大江带旋，梁峰眼顾"。岁月悠悠，星移物换，魏妈墓虽已湮沉无踪，但漳江岸边，一方苔痕斑驳的神道碑，仍巍然屹立供人瞻仰凭吊。当代又有马来西亚华人、皇家拿督陈良民，为追缅祖德，他捐资在半径岭下兴建一座"魏妈纪念堂"。开漳圣王陈元光遗著《龙湖集》书中，有《半径庐居语父老》诗曰："寒猿号岭表，添我哭声哀；极浦驱潮至，愁涟拨不开"，"兽舞梁山下，龙眠潮海涯"又"华洁凝秋色……神女靓明妆"等句，对仙峰半径山景物描绘

详尽。后人对漳江下游两岸一带佳景，有"狮象望麒麟"、"玉女朝仙人"及"仙人露髻"等美誉，或出自此诗。

从魏妈墓后穿林越涧，转过"凤坡岭"，直上"仙人亭"，但见藤蔓错结，崖壁危悬。峰巅有仙人奕棋之"棋盘石"、"仙脚印"等古迹。游人登临岭上，则闻天风熠熠；俯瞰江中，唯见帆影点点。江海交汇，水天一色；遥望古雷半岛，犹如一条黛色巨龙，横卧天际，气势磅礴。由而开漳圣王陈元光始有"龙眠潮海涯"之句。陈元光诗《半径寻真》："半径寻仙迹，危峰望帝州"，"岩谷连声应，漳潮合派流"，当指此景观无疑焉。

棋盘石下南面山隈，清泉穿涧，芳草侵道，苍郁的丛林其间，藏一古寺，名"龙泉岩"。寺中有清乾隆间大学士蔡新题匾"鹫岭晨钟"。今佛像亦皆重塑再祀，描彩镶金，法相庄严，释坛流辉。

离龙泉岩循山坳西行，一路松苍柏翠，莺啭鸠啼。更有那泉鸣深谷，云浮堑渠，游客俨在画图中。至仙人峰南隅，奇观异象益发迷人：满眼怪石，形狮、形虎，似墙、似碑，不胜枚举。这满眼天然石像，真鬼斧神工。沉思处又见周邻巨石凌空飞架，一穹穹洞室天成。这些便是"十八崆"、"虎祠堂"、"隔尘关"等石穴，俱婉转幽深。其中一洞极为玄妙：泉涌磐底、风穿洞门，内有九石，酷似巨鼎，覆叠成堆，真如铁铸。陈元光诗《半径寻真》有"铸鼎龙归洞，擎旗虎负丘"、"剑埋龙守壤，卧石虎司碑"等句，疑即借禹王治水铸鼎定九州之典故，偕喻此处之奇观异象，更是耐人寻味，发人幽思。

凝神间忽闻钟鼓声声，回眸处蓦见青烟袅袅。游人步入"隔尘关"，另有一番意境：曲径通幽，石栏迂回。烟霭中一片宫墙殿阁，屋宇辉煌，那脊尖斜卷，牙檐飞翘，宛若仙界天宫。寺外又是面面崖石，多有古人题刻，篆、隶、楷、行各体兼备。更有一方碑碣，冲天傲立，上镌"宋七贤讲学处"，此即"仙峰岩"与"七贤祠"。《云霄县志》载，宋绍兴间，知制诰陈景肃（系陈元光第十七世孙）与杨士训、杨耿、薛京、吴大成、翁待举、郑柔等七学士，因避秦桧乱政之祸、弃职归隐在此设帐讲学，其遗址今已修葺一新，堂上龛中仍祀"七贤"神牌。祠庙前后，还有"洗心池"、"玉泉"、"仰山"、"锦屏石"、"护坛界"、"龟蛇迎宾"等古迹，真让游客目不暇接，留连忘返。

仙峰岩下有一村落，古名"寿峒"，据传是唐代开漳之前的蛮夷土著居所。今沿旧址成村社，而转谐音称为"树洞"。

越树洞村后的山道，游人攀援拾级而上，便至白塔岭。此间已是仙人峰北麓，有一明末所建佛寺"龙湫岩"。《云霄厅志》有载，此岩山门石匾"铃裂深处"四字，系黄道周笔迹。又有"迎仙屏"、"眼中杯渡"、"西竺流辉"等摩崖石刻，以及"听泉洞"、"蟾洞"、"趸谷"等天然石室，环聚寺周。佛堂倚山高筑，雕梁画栋，绚丽壮观。你若是在此凭栏俯瞰，乃见漳江如带，舟楫穿梭。碧水之旁，村落棋布，田畴万顷。值月白风清之夜，水月交辉，波光闪烁，令人陶醉。尤其是此刻当你放眼东望，又是另一番景象：夜色中、月光下，那点点渔火若群星灿耀，又有数叶悠悠轻舟，在"载星"徐移。这便是仙峰下、漳江口的石矾矶以西、石关梁以东、蔗港口以南、红树林以北之"浮洲渔火"，这点点渔火，正是渔民们以缯网、丝绫在此处捕鱼，自得其乐。这江上浮洲，不惟在月色朦胧的夜景下景观迷人，尤其是在那薄雾笼罩，轻烟缭绕的清晨中，即于时分，一似小蓬莱移入漳江口，几令游人恍入仙班，飘飘然不觉东方海天泛红。曙光初现，使仙峰山色回绿，映在江上那碧波荡漾的浮洲外沿，一时铺就依依倒影，时隐时现、若即若离，似欲刻意渲染这江风轻拂的"新浮洲"。

这所谓新浮洲，实则由千万年的潮起潮落，泥沙随着水流运动在冲积，自然的功力使西起石关、东迄石矾的这两处水中矶石之间，日积月垒地淤凝着无尽的沙土，终于成墩，成梁，成潜岛，谓之为"新浮之洲"。

这方浮洲，恰与仙人峰互为掩映，益发迷人。似此景物之美之巧，岂非天宠特赐？如兹万千景观，充满诗情画意。美哉！仙人峰，你不愧为云霄胜景之佼佼者。

云霄山水人文风情 ◎唐淑婷

　　我的家乡是美丽如画的云霄，正如唐代著名文学家韩愈诗句"江作青罗带，山如碧玉篸"中所描绘的一样，云霄县城依山傍水，风景俊秀，充满灵气，美不胜收！我钟情于云霄的山山水水，这片生我养我的土地，给了我源源不绝的创作灵感。云霄的一草一木，鲜花般盛开在我的眸中，云霄的一山一水，音乐般回响在我的心间……

——题记

将军山风韵

　　二月春潮如期抵达的时候，你保持着岿然不动的姿态，伫立成一种凝固的挺拔。娴静的大龙湖，倒映了你那千年不变的飒爽英姿和归德楼蓝瓦白墙的雄影，无论举目远眺还是俯身鸟瞰，你都以最慈父的眸光，倾泻着对云霄城的深切情怀。

　　在这四季皆春的南方一隅，从你终年长翠的锦袍里，从你碧波微荡的涟漪里，很难寻觅春风驻留的足迹。却有装饰于你脚下的那一围沿湖而栽的垂柳、二三株迎雨吐蕊的桃花、四五簇争芳斗妍的杜鹃，影影绰绰地，以别样的柔情，舒展出最春意的身段。

　　枇杷香里拾阶而上，拾一路含笑的芳馥，林立的碑楼碑亭镌刻着开漳先祖的伟迹丰功，万千人虔诚膜拜的陈政墓园里，供奉着先祖威武的神像神龛。浑洪的钟声与袅袅佛音构筑成环绕周遭的圣洁的空气。甘醇的清泉流入了千家万户的茶盏，茗品着茶香同时铭记着你的恩惠。

　　其实，你已不是一座单纯意义上的山，你与长眠于此的开漳先祖一起，植进每一个云霄人的心田，长成了另一座永远耸立的高山！

巍峨大臣山

　　允许东方第一缕光芒来自你高高的额头，怦然开启我的心扉！且

感悟绿色山水

77

将目光投向旭日升起的天际，你逐渐清晰逐渐高大的影子，绵延成一段呵护的曲线。

潋滟的漳江，铭刻着你宽宏的雄影；不息的流水，沉淀了你永久的伟岸！

遥忆懵懂少年时，爬上你肩头的别样兴奋，我多想化为一粒鸟鸣，依在你宽博的怀抱中，轻声嘤咛……

漳江晨曲

黎明的薄雾在你的哈欠声中哗哗退隐，揉揉惺忪的睡眼，你就悄然苏醒来，湿漉漉的音符缠绕在你起起伏伏的脉动间；晶莹的露珠闪烁着你梦境的斑斑驳驳，润了一茬茬猛长的青草，润了桃树上羞涩的娇颜。

鲜活的太阳从大臣山的怀抱里一跃而起，抖落一夜的晦暗，你便霍然亮堂了，明晃晃的金子跳耀于你深深浅浅的皱纹里；拂堤的杨柳轻拂着你波浪的平平仄仄，溅起一圈圈晕开的涟漪，溅起洗衣女朗朗的笑语。

和风抚过晨练老人银色的发，熏醉了一对对悠然的眸光。美丽的一天从这里开始，踏着欢悦的节拍，你把清晨的歌曲弹响。

暖阳映红上学孩童粉色的脸，加速了一个个匆匆的步履，灿烂的一天从这里起程，弹着清新的晨曲，你将生活的热情唱亮！

碧波红树林

蓝色的海岸绵延着层层叠叠的绿涛，绿涛波涌的是那一片云霄漳江口红树林。蓝与绿的亲密组合，海与林的深情拥抱，构成了漳江入海口最独特的风景线。

这片奇妙的热带雨林，以罕见的"胎生"现象演绎着顽强的繁殖生长，用密集而发达的根系保护了风浪侵蚀的海堤；这种特殊的生态系统，以富饶营养的资源养育着许多海洋动物，迎风摇曳的茂密树冠筑成热带海鸟的栖地。

成千上万白鹭仿佛无数洁白的精灵，轻盈自在地翱翔于蓝天碧海绿树之间。优美的舞姿与悦耳的叫声，天籁般净化了人们的心灵。人与鸟和谐共处的佳境，再版了一个"鸟的天堂"。

七星山朝圣

一定是夜空的北斗陨落凡间，才有这高低起伏的七座山丘，逶迤连绵成勺状的七星山。一条蜿蜒曲折的水泥山道，直达优美壮观的七星山风景区，把朝圣之路扯平了，拉近了。

巨石琢成的林太史公雕像，栩栩如生地展示了圣贤的尊容；气势恢宏的朝圣墓区，以神圣的力量托起一种信仰。

这里，远离了街道的嘈杂；这里，摒弃了市集的喧闹；这里，抛舍了尘世的浮躁……一切一切，都皈依宁静！

青草茵茵铺就了一片净土，绿树环绕拥抱着一块圣地。虽没有似锦繁花常开不败，却有那香火鼎盛终年不息。每日都有络绎不绝的善男信女，至此焚香许愿，追思先圣贤德。

万人仰慕的云山居士林太史公，静静地把涅槃的光芒洒播！

乌山红色之旅

带着对那个神奇传说的好奇，带着对那些奇妙景观的向往，带着对那段革命历史的敬仰，我走进乌山，走进乌山绵延百里的领地。

走进巍巍乌山，犹如走进了一条绵长璀璨的晶莹翠带，这里清流潺潺空气清新，是避暑避寒的"双避"胜地；走进绵绵乌山，犹如走进了一道巍峨壮丽的天然屏障，这里山高石奇地势险要，是国内革命战争时期的老苏区。

嵯峨高大挺拔隽秀的峰峦，跌宕成丛崖险隘，漫山乌黑的花岗石和流纹岩，流进"仙人镇压石笋"的神奇传说里。从此，"乌山"这个意义特别的名字，把这丛山叫响叫亮！

层峦叠嶂无数巨形大石，堆砌成天然石洞，盘曲蜿蜒深邃的天然石隧道，成为中共红军作战的秘密通道。在此，多少英雄的乌山儿女，为革命事业前仆后继。

匆匆乌山行，不带走一草一木，却把早春金樱花的纯洁定格在照片里，把比金樱花更纯洁的乌山人定格在记忆里；悠悠红色之旅，不留下一语一言，却让遍崖映山红的鲜艳燃烧了眼睛，让比映山红更热烈的乌山情，燃烧了我的心……

感悟绿色山水

雨中登将军山 ◎ 许怀中

　　记得在厦门大学执教时，20世纪60年代中文系师生到云霄县常山华侨农场劳动，我曾来过。之后，只路过此地，未曾逗留。此次随文艺家采风团来到素有开漳圣地、秋瑾出生地和天地会诞生地之称的云霄，看到它已是经济发展快、商贸兴旺、外资企业众多、县城建设成绩大、教育体育先进的一个县分。

　　汽车经演武亭村，便望见挺拔的将军山。停车，在雨中登山，别有一番情致。在蓊郁的茂林之中，瞻仰了"开漳圣王"陈元光先父归德将军陈政塑像和陵墓。南宋的文武石人，雕塑的披鞍战马，栩栩如生。我曾在漳州散文家笔下读到将军山，此时便想起斌龙散文集里的散文《访祖寻根到云霄》所写："……一座高耸入云的大山横亘在眼前，它像魁梧的将军，身披风帷，精神矍铄地俯瞰着闽南山山水水。"从将军山经过的闽南籍华侨，走到天涯海角，心中总是屹立着这座巍峨壮丽的"唐山"。从未回过闽南祖家的华裔青年，也从祖辈讲述的传说中，对这座蒙上神秘色彩的祖国名山无限神往。作为归侨的散文

作家，对将军山与海外漳籍华侨、华人的联系，其感受极为深切。将军山下的云霄西林，是漳州最早建郡的地方。在这雨声淅沥中，撑着雨伞登将军山，耳边情不自禁地回响"开漳圣王"的赫赫战功。将军陈元光在陈政被包围于九龙山的危难之中，率军千里迢迢前来解围。他征战6年，平息了"绥安之乱"，开创了漳州。这块热土，经过历史的风风雨雨，沐浴着改革开放的东风，花香果甜，百业兴旺，益发壮美。

第二天参观了云霄几家企业：台资兴办的宏国电子厂，产品除销到台湾外，还远销欧美。云霄名城人造花公司，是跨国集团，也是台胞投资的企业。建厂七、八年来，人造花卉、水果食品、圣诞饰品等三大类产品，百分之百出口。我们先在接待室坐，桌子上摆着几盘桃子、苹果等水果，原来都是人造的，和果园摘下来的一模一样，真是真假难分。

从几家企业出来，到常山华侨农场参观已是晌午。阔别多年，这个全国第二大、全省最大的全民所有制华侨农场，以崭新的姿态出现在我的面前。尤其是改革开放以来，农场的基础设施完善了，水电供应充足了，程控电话四通八达了，配套设施齐全、农场经济得到长足的发展，集体、个体、私营企业540多家，"三资"企业也有了30多家。

午饭后，在细雨蒙蒙中告别云霄。途中思绪如雨丝交织，这里想了一点：这几天的采风，在漳州地区，看到全省的几个"第一"，如漳州市区全省的第一大立交桥和第一大广场、"闽南花卉中心"的福建花卉第一市、漳浦黄道周纪念馆"天地盘"的"第一绝"，而常山华侨农场，也是全省第一的华侨农场……

威惠庙

[宋]吕琦
当年平寇立殊勋，
时不旌贤事弗闻。
唐史无人修列传，
漳江有庙祀将军。
乱营夜杂阴兵火，
杀气朝参古径云。
灵贶赛祈多响应，
居民行客日云云。

感悟绿色山水

81

◎ 荷步梁山行 ◎ 梁 薪

梁山又称梁岳，巍然耸立在云霄县东厦镇与漳浦县的交界处，它群峰插天，气势磅礴，绵亘百余里。《名山记》介绍梁山有山峰十二座。唐开元年间，钟绍京任怀恩县尉时，又为之增添二十四座山峰名。如双凤、玉乳、月桂、金鸡等。所以吴伟明诗云："梁山重回首，翠峰三十六。"当地有的人却说梁山有九十九座山峰。总之，众说纷纭，莫衷一是。其实，梁山到底有多少座山峰，每个观赏者都可以凭借猜想去描绘、勾勒自己心目中梁山的美好形象。

梁山的景色多姿多彩，林木蓊郁苍翠，巨石擎天，流泉飞瀑，争奇斗艳。每当骤雨初歇之时，从山下仰望梁山，只见云雾缭绕，峰峦迷濛，你会以为前面是一片渺无边际的大海，那高出云外的山峰，就像大海中的一座座岛屿；继而，太阳出来，云消雾散，视野开阔，远处的青山翠谷，点缀轻云朵朵。山涧巨石之上，悬挂着一串洁白如练的瀑布或水帘。这时候，你不妨走近观察，满山的花草、树木、石头，宛如刚用清净的水洗过一样纤尘不染。头上的蓝天白云，脚下的叮咚泉水，衬托着鸟语空山，给人一种静谧清幽的感觉，仿佛置身蓬莱仙境。

明末漳州籍著名学者黄道州游历过无数名山大川，他写过一篇《梁峰二山赋》认为，无论从奇秀、险峻、清幽诸多方面，漳州家乡的梁山都堪与

黄山、九华山媲美匹敌。

站在山之高处，触目皆是大小不一、形态各异，千奇百怪的石头，大块的壮观气派，小粒的娇媚玲珑，圆形的温婉大方，方正的敦厚朴实……置身在石头构筑的世界，静下心来仔细端详谛听，我突然发现，这些充满灵性的石头，好像都活跃起来，它们颇为礼貌地向你打招呼、有的露出憨厚的笑容，有的却滑稽地朝你挤眉弄眼……此时，我简直分辨不出自己到底身处真实的生活，还是跌落梦幻的世界。

梁山的每一座山峰，几乎都有一个故事和传说。其中最负盛名的要数莲花峰和晋亭峰，前者由于一位南朝皇帝的登临名声远扬，后者因为住过晋代神仙而笼罩一层神秘色彩。

海拔960米的莲花峰又名齐帝石。相传南北朝时期，由于国家动乱，齐武帝带领三千义兵南下漳州避居，养精蓄锐。闲暇时候，齐武帝多次登临此峰眺赏风景，所以莲花峰更名齐帝石。晋亭峰，在莲花峰的西侧，传说晋代仙人葛洪和徒弟长期住在这里的山洞练丹修道，并把山上栽种的茶叶当成九转金丹的药引。现在山峰北面尚留炼丹井，葛仙洞遗址。昔人蔡衍《登梁山》诗有这样的句子："或言葛仙翁，飞升从此去，石鼎蒸苍烟，丹炉炊薜荔。"廖廖数语即将葛洪在晋亭峰的活动描绘得活灵活现。

人说喝仙山水，品仙山茶，驱除百病，延年益寿，是人生一大快事。梁山茶园终年云雾缭绕，雨量充沛，日照短，温度低，有利于茶树光合作用，促进叶绿素、氨基酸的增多，提高茶叶芳香物质含量。梁山的泉水清澈洁净，绵柔甘甜，用它来冲泡晋亭峰旁边栽种的上等岩茶，颜色金黄透亮，散发着淡雅幽香，入口滑爽滋润，醇和微甘，饮后唇齿留香，余味悠长。怪不得清漳浦知府陈汝咸品尝了梁山香茗以后，竟然迷上这里的青山绿水，产生乐不思蜀的感觉。他的《登梁山》这样吐露心迹："临水看山搜遗迹，三年薄宦漳江客，他年回棹澳川去，却忆梁山是故乡。"朴素亲切的诗句，读来感人肺腑。

◎ 古稀的骑楼老街 ◎ 唐淑婷

和平路是云霄县城一条名副其实的老街，它的历史可以追溯到民国时期。而作为和平老街最具特色的经典建筑，则非骑楼莫属了。这些骑楼，就像一位历尽沧桑的古稀老人，经过七八十载风雨洗礼，依然稳稳当当伫立在老街的两旁。

我的家就在和平路的尽头，从小到大，每天都要经过这条老街，那些骑楼便是再熟悉不过的风景了！自水月楼经时钟台再到经堂口，总长约摸三、四百米，分为四段，每一段相连的骑楼大概有二十座。

每座骑楼由上、中、下三部分组成：下段是柱廊，骑楼与骑楼之间由一根根红砖砌成的方柱连接，排列非常整齐，显得稳重而雄伟，这样一排廊柱使楼身跨出街道，形成自由步行的长廊。中段为楼层，一般有两层，大多数骑楼的外墙是用红色的砖砌成，也有个别是灰色的石头建成。二层墙面均开了三扇木质雕花窗或百叶窗，窗户两侧有欧式罗马柱，窗楣呈半圆形、方形或敞肩形，并以精致的浅浮雕或精湛的砖雕装饰，多了几分西洋元素。而不少墙面、腰线、阳台、窗楣等处装饰着东方山水花鸟及人物形象，是中西方建筑艺术的完美合璧。上段为檐口，常以三角形或方形山花装饰，与底层取得互相呼应的效果。

也有的骑楼是三层的，结构与两层的骑楼大致相仿。部分骑楼三楼有阳台，两边是栏杆，中间造型颇像欧洲教堂的顶部突起。有些骑楼的屋顶是及腰的女儿墙，留有数个孔洞，起防风作用，俗称"风洞墙"。所有的骑楼外墙装饰与纹样下段较为简单，向上逐渐丰富，整个建筑设计疏密有致，西化痕迹很浓。各骑楼的窗饰和墙饰不尽相同，却又相互融为一体，和谐而富于变化，极为美观。

小时候，我并不知道这样独特的建筑叫做骑楼，只是觉得墙面上那些装饰很漂亮，而且在这条街上购物的人，走在长廊里，不会被雨淋到，也不会被太阳晒着，真是太方便了！那时候，骑楼是财富的象征，我特别羡慕居住在骑楼里的人家。记得我有一位小学同学，她家就在老街中段的骑楼，我去她家玩的时候，故意把木板的楼梯踩得"噔噔噔"响，好像要向所有人炫耀我也能上得骑楼来呢！我们俩常一人趴在一个窗台上，瞅着下面人来人往的大街，"呜呜啊啊"乱喊一通，别提有多神气了。

同学的奶奶很疼我，简直就把我当亲孙女看待，我也跟着同学叫她"奶奶"。奶奶常在窗边的古式木椅上一坐，唤我端来一把小凳，坐在她前面，她便拔下她头上那把细细的木梳，轻轻地给我梳头，边梳边讲着自己的故事。从奶奶的故事里，我仿佛看到了她年轻时俊俏的模样：她尤其喜欢穿着一件合身的碎花旗袍，轻摇团扇，倚在那娟秀的木质雕花窗边，俯看车水马龙的街道。有一次，一位英俊少年从骑楼下经过，偶然抬起头向上看，两个人四目交汇，一见钟情，演绎出一段典雅而牢固的浪漫爱情故事来。这个英俊少年就是我同学的爷爷……听了奶奶的讲述，我更加喜欢这美丽的骑楼了，觉得它就是一位古典而细腻，温婉而柔情的美女的化身。

慢慢长大，从电视上、书上看到了更多有关骑楼的资料，逐渐对骑楼有了更深入的了解。可惜的是奶奶已经过世了，同学一家也搬到外地居住，而我再也不能进入那座包容过我天真童年的骑楼了，这种隐隐的惜别之痛，在我心里留下了深深的烙印。而对骑楼老街，我产生了另外一种感情，我经常漫步在老街上，目光抚过一座座骑楼，将它的每一块砖，每一条花纹，每一处墙饰，都深深镌刻在脑海。我常常惊叹于这西洋味十足的古老建筑，无论是造型设计还是雕塑工艺，都汇聚了中西方文化的精髓，凝结着劳动人民的智慧与汗水。这条古香古色的骑楼老街，构筑成云霄县城的一道独特的风景线，构筑成体现云霄人文历史的一道美丽的风景线，也构筑成我平凡人生路上的一道不可或缺的风景线！

早期的骑楼老街，位于云霄县城的中心地点，是云霄经济贸易的枢纽中心，也是县城最繁华热闹的黄金地段。这里汇聚了各种各样的店铺：小吃店、服装店、药店、鞋店、绸布店等，每一家都是生意兴隆。可以说骑楼老街为云霄县城经济发展撑起了一片天空。几十年岁月沧桑变幻，在改革开放经济大潮的推动下，云霄县城不断向外围扩展，云漳路、复兴路、绥阳路等新建的宽阔街道，逐渐取代了老街的商业地位，骑楼老街慢慢退居二线，店面不如以前旺了。

感悟绿色山水

现在，许多店家为了扩大店面的面积，侵占了骑楼的长廊，把原来供人漫步的地方摆放上杂七杂八的货物，使得骑楼失去了本质上的意义。墙面上那些上个世纪七十年代以前留下的大字"为人民服务"、"毛泽东思想万岁"还颇为醒目，但许多店铺的招牌"××号"、"××记"，在风雨的剥蚀下，已经模糊得难以辨认，加上错综复杂的电线和没有统一规格的雨篷，把原来清爽整洁的街面变得凌乱无章。越来越多的楼主将各自的骑楼拆除重建，取而代之的是极不协调的现代建筑，骑楼老街已经失却原来齐整和谐、古朴浪漫的风貌。那些脱落的墙泥、斑驳的浮雕、破损的窗棂、阴暗的门洞，以及墙壁、楼顶上杂生的蓬草和蕨类植物，都在无声地诉说着骑楼的沧桑。骑楼老街真的是老了，俨然成为一位垂暮的老人！

也许在若干年后，这条古香古色的骑楼老街就会从我们的视野里突然消失，就会从云霄县城的地图上彻底抹去，到时候，我们及我们的子孙们将再也见不到它了！这将是多么令人惋惜啊！骑楼老街是云霄古建筑文化的瑰宝，是劳动人民勤劳与智慧的结晶，它见证了云霄的兴起与繁荣，它就像一位饱经风霜，博学多才的古稀老人，它那堆着皱纹，长满老年斑的雍容，让人怀想，让人难以割舍，让每一位见到它的云霄人心中油然而生一股浓厚的温热的乡情与亲情！

全国许多地区政府已经意识到了骑楼这一古旧建筑的意义，并开始重视骑楼文化，致力保护现存的骑楼建筑的传统风貌，适当恢复并强化骑楼的传统商业功能，鼓励发展适合骑楼建筑特点的小规模零售业。保护骑楼老街就是保护城市的"魂脉"！我也希望在我们云霄，这条彰显县城文化、人文情怀、历史记忆内涵的骑楼老街，能够得到各级政府与云霄人民的尊重与保护，能够逃脱被拆毁的命运，能够在云霄这块美丽富饶的土地上，永远展示它那古朴独特的风韵！

乌山揽胜

◎ 方文达

　　闽南素以山娇水媚遐迩闻名。然而在云、和、诏交界处却有一座峥嵘突兀、雄性十足的大山，其气势磅礴，独石成峰，层峦叠嶂，雄伟壮观。它就是革命圣地——乌山。

　　这里四面环山，连绵不绝，山石与山石之间点缀着青翠欲滴的草木，民间传说，乌石是被天上五雷轰黑的；而上年纪的人说，它是被烽火硝烟熏黑的。这不，巨石上还留着点点枪眼。唯有南京大学地质系毕业的老黄说，它是一种乌灰色的花岗岩和流纹岩。山石万仞，突兀嵯峨，奇崛险峻，武夷山的"泰坦尼克号"、"玉女峰"、"骆驼峰"、"鹰嘴岩"，在这里也都能见到。据说还有一块巨石，顶上可容2000人聚集。山石中有如猴子踞伏，有的似海龟爬行，有的像鸟儿对答，有的如猴子观天，有的似鱼跃龙门，有的像将军抚剑，也有的如思妇远眺……形态毕肖，栩栩如生，不一而足。游客们无不惊叹大自然的鬼斧神工，每一处裁开来都是一件赏心悦目的"艺术品"。其中有一块巨石，活像一位旷达的老仙翁，闭目沉思，恬然自得，似乐非乐，似悲非悲。最使我难忘的是有一拔地而起的石峰，高耸云霄。在巨石层叠之间，有许多天然石洞，据说还有深不可测的石井，也有盘曲深邃蜿蜒数里的石隧道。

　　我们终于来到当年地委书记卢叨的墓前，凝视着镌刻在石壁上的卢叨手书的两首七绝："五十年前举义旗，清泉洗我战时衣。三光政策何为计，亿万农民起惊雷！""大地神州处处花，疮痍满目旧中华，燎原星火铿锵志，石洞茅寮是吾家。"我的脑海里浮现出一幕幕当年革命前辈可歌可泣的英雄画面：1934年底，中央主力军长征后，国民党反动派调集中央军、地方保安团和地主民团，向闽粤边界苏区发动疯狂进攻，企图彻底摧毁革命根据地，一举消灭人民革命武装力量。闽粤边特委决定，红三团二连指导员卢胜率领一支40多人的队伍，冲破敌人的封锁线，经平和西南部，挺进乌山，在这里开辟新的游击根据地，进行了艰苦的革命新篇章。至今，这里的许多石洞还保留着当年的"报务室"、"财务科"、"炊事房"、"看守房"等字迹。

品味地方风情

云霄的风情是什么？是将军山下的锦绣画图，还是漳江水边的轻歌曼舞？有人说，最能代表云霄风情的是独特的非物质文化遗产"圣王巡安"、"牵出花园"成人仪式等；也有人说，农历二月十六"开漳圣王"陈元光诞辰纪念日姚神节"办大碗"和"林太师公文化"、"吴侍郎文化"，才是云霄最本土的风土人情。其实，作为漳州文明的发祥地，云霄历史文化积淀丰厚，自古人杰地灵，人文荟萃，自有其别样的风情。也许一只热热的"烧窑鸡"，一碗香香的"水面"，一杯浓浓的岩茶，便足以让人脱口叫出"云霄"这个美丽的名字来……

云霄县文物保护单位一览表

序号	文物保护单位名称	批次	公布时间	公布文号	级别	年代	类别	所在地址				备注
								市	县	镇	村	
1	陈政墓	3	1991.3.20	闽政〔1991〕号	省级	唐	古葬墓	漳州	云霄	莆美	演武亭	已申报国家级
2	威惠庙	6	2005.5.11	闽政文〔2005〕164号	省级	明、清	古建筑	漳州	云霄	云陵	享堂	已申报国家级
3	天地会遗址—观音亭	3	1991.3.20	闽政〔1991〕号	省级	清	古建筑	漳州	云霄	东厦	高溪	已申报国家级
4	高溪庙	3	1991.3.20	闽政〔1991〕号	省级	明	古建筑	漳州	云霄	东厦	高溪	已申报国家级
5	云山书院	6	2005.5.11	闽政文〔2005〕164号	省级	清	古建筑	漳州	云霄	云陵	溪美街	
6	寅钱寺与提喜故居遗址	4	2001.8.02	云政〔2001〕13号	县级	明、清	古建筑	漳州	云霄	莆美	高塘	已申报国家级
7	南山寺及南屏书院	1	1985.1.15	云政〔1985〕40号	县级	明、清	古建筑	漳州	云霄	莆美	莆美	已申报省级
8	树滋楼	3	1992.5.29	云政〔1992〕7号	县级	清	古建筑	漳州	云霄	和平	宜谷径	已申报省级
9	秋瑾出生地—七先生祠	3	1992.5.29	云政〔1992〕7号	县级	清	古建筑	漳州	云霄	云陵	享堂	已申报省级
10	石矾塔	1	1985.1.15	云政〔1985〕40号	县级	清	古建筑	漳州	云霄	东厦	湖丘	已申报省级
11	闽南地委机关所在地	1	1985.1.10	云政〔1985〕40号	县级	解放战争	近现代重要史迹	漳州	云霄	和平	水晶坪	已申报省级

吃在云霄 ◎ 方联洲

云霄县西北环山，东南面海，是水陆交通便捷的商贾要地，自古以来客商云集，经济发达。南北饮食文化频频在此交流融汇，久之形成云霄独特的美食文化。云霄丰富的海产品、山珍及果蔬，为美食提供了充足的原料。

自明清以来，云霄城乡厨师遍布，传统的婚丧喜庆，祭祀聚会，必大办酒席。

乡下请客一般就地取材，请一个本地厨师，几个帮厨，找一块空阔的地方，自砌炉灶。客人多则几十桌，少则十几桌。菜谱多是四冷盘、八热菜、四大汤。上菜顺序也颇讲究，先以四冷盘放在桌面四角，冷盘一般是白斩鸡、熏鸭、香肠、炸肉卷；然后上酒上热菜，第一道菜必是一盘热炒的韭菜春（墨鱼炒韭菜）以示吉祥；紧接着清蒸鱼、白灼虾、炒时鲜、山珍大汤、红烧鱼、清蒸螃蟹等既定的菜接踵而上；中间有一道甜点，一般是香甜的小吃；至尾声上一碗白菜莲子甜汤或一盘金玉满堂；接着上一盘炒青菜，最后一道是酸菜猪肚汤，以鸡汤做高汤，酸爽清香可口，让你饭饱酒足，意犹未尽。

县城请客多在酒楼，城里酒楼林立，食客满座，灯红酒绿，通宵达旦。菜谱虽然也十几道不等，但菜肴的选料和工艺都比乡下精细。四冷盘多为白斩鸡、凤尾虾、虾仁海蛎卷、凉拌海蜇头等；热菜和大汤与乡下的菜谱也不尽相同，上菜的程序亦略有变化，一般先上鱼翅，再上韭菜春；大汤也常用清炖野生甲鱼汤或清炖山珍汤等；热菜有热炒或清蒸海鲜，高档的酒席有时会上鲜吃龙虾、鲜吃海蚌、清蒸去骨河鳗、清蒸去骨螃蟹、清蒸鱼粕（以扁鱼、虾仁、蟹肉、精肉、香菇、蒜头、芹菜剁碎为馅，然后用鲈鱼或马鲛鱼切成如纸薄片做皮包裹成小方块清蒸而成）等高档菜；中间还有几道精美的点心，有时还穿插着芋泥或桂花泥等甜食，最后再上水果盘。

云霄县城的小吃更是琳琅满目，别有风味。有闻名遐迩的水面，汤面中佐有特色的肉丸、鱼丸、虾丸、面条薄如纸，柔软润滑，面汤清香可口；有闻名省内外的将军山烧窑鸡，有香味做法与众不同的香肠、肉卷、海蛎煎和各式包子；还有百吃不厌的海鲜菜馅的水晶粿、米梭粿、萝卜粿、油葱粿；面粉类的甜食有甜面条汤，甜扁食汤和清甜柔软的发粿，发煎等；糯米类的

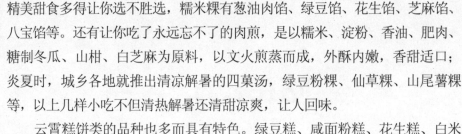

精美甜食多得让你选不胜选，糯米粿有葱油肉馅、绿豆馅、花生馅、芝麻馅、八宝馅等。还有让你吃了永远忘不了的肉煎，是以糯米、淀粉、香油、肥肉、糖制冬瓜、山柑、白芝麻为原料，以文火煎蒸而成，外酥内嫩，香甜适口；炎夏时，城乡各地就推出清凉解暑的四菓汤，绿豆粉粿、仙草粿、山尾薯粿等，以上几样小吃不但清热解暑还清甜凉爽，让人回味。

云霄糕饼类的品种也多而具有特色。绿豆糕、咸面粉糕、花生糕、白米松糕、隔层纸糕等，工艺极其精美，是可口的点心。月饼的传统工艺世上独有，有豆苏饼、冬瓜饼、双拼饼等，味道清甜香美，其饼皮比纸还薄。百年老字号的保珍饼店更是名扬海内外。保珍饼店不但月饼做得好，其他的各种饼类都是上乘的。

云霄小吃不胜枚举，云霄美食四海飘香。云霄的饮食讲究色香味，讲究原汁原味，讲究清淡可口，讲究营养搭配。吃惯云霄美食，出门在外，总是怀念不已。

云霄美食也给外地客人留下深刻的印象，90年代某著名女歌唱家来云霄演出，吃了云霄的美食连连夸赞，特别对云霄水面印象尤深，回去后念念不忘。几年后她到厦门演出，特地叫随从开车到云霄，吃她挂念已久的南市场"阿头"水面。前几年，中国著名画家许标甲老师从辽宁来云霄举办画展，对云霄的美食亦赞不绝口，临走时，他拉住我的手说："此次我来贵地云霄，感谢你们的热情款待。云霄给我留下很多良好的印象，云霄风景如画，云霄人热情大方，云霄美食甲天下。"过后，许老师来福建，在百忙之中，必过来云霄会会老朋友，品尝云霄的美食。

云霄美食还有一奇，奇在可品尝，可观赏，却难以把它迁徙外地。外地也有多家酒楼，小吃店，糕饼店推出云霄的菜系，糕饼，可味道却不一样，相差千里，一入口便知不正宗。说起来也不奇怪，数百年的工艺积累，原材料不同是主要原因。单说肉丸的清香与入口酥脆用外地的猪肉就没办法做成，云霄杀猪极其讲究，在抓猪宰杀过程不可把猪惊吓，烫皮刮毛的水温和时间

也大有讲究，扒骨取肉更需要功夫。整个程序一道失手就砸了。外地哪有如此的综合条件和工夫？做出来的肉丸与云霄相比，自然是天差地别。比纸还薄的月饼饼皮的精巧工艺更是传内不传外的。难怪客人一尝外地做的就知道是赝品。

云霄人热情好客，饮食亦如此。对外来的饮食文化热情接纳品尝，推陈出新，纳为己有。如今县城的大街小巷都有外来的小吃，川菜、湘菜、浙菜等菜系与云霄美食共荣，也赢来了众多粉丝。外来饮食使云霄美食锦上添花，吃在云霄，名不虚传。

独特的云霄成年仪式"牵出花园"

◎ 王一雄

四月的清晨，空气格外清新。云霄县开漳祖庙——威惠庙广场上，鼓乐齐鸣，人头攒动。"成年仪式开始！请'开漳圣王'鉴证和保佑！"司仪高声唱和道。8位年届15岁的少男少女背负草鞋和包袱与父母各拉着雨伞的一端，慢慢地走出"花亭"。原来，云霄陈氏宗亲会正在这里举行隆重的花朝节成年仪式，即"牵出花园"。

家长们事先为孩子们购买新衣服、新帽、新鞋袜，并打成包袱，还购买了雨伞、草履、由纸张制成的"花亭"等。在香案摆好糖果、糯米等供品后，家长们和孩子们一起焚香向开漳圣王或妈祖行12次跪拜大礼。紧接着，少男少女的母亲走在前面，手执闭合着的雨伞一端，孩子们背负包袱和草履，手抓另一端。母子相随，从左到右，围绕香案连转12圈。每走一圈，他们向佛像躬身行礼一次。然后，少男少女打开新伞，跨过花亭，和家中长辈一同回家。当地文史专家方群达告诉笔者，云霄年届15岁少男少女举行成年仪式"牵出花园"，意味着少男少女告别童年，成年了，即将经历人生风雨，并祈求神佛庇佑少男少女顺利成长，早日成家立业，昌盛门庭。

据悉，农历三月十五，云霄民间自古称之为"花朝节"。"花朝节"是百花的节日，风俗传自唐代洛阳，开漳将士将这种风俗带到云霄。自此，云霄百姓在"花朝节"这一天举行独特的成年仪式"牵出花园"。这一独特的民俗也传到台湾各地，目前台湾有一些地方仍举行"牵出花园"成年仪式。

品味地方风情

93

粉粿水面烧窑鸡

◎ 宋祝平

在闽南的云霄县，如果你能从早至晚呆上一天，早点吃粉粿，午饭吃水面，晚餐丰盛一点，吃一只烧窑鸡，这样，你就可以自诩把云霄县的风味小吃吃遍了。因为，粉粿、水面、烧窑鸡三样，最具云霄特色，凡到云霄的人，少不了都要尝上一尝。

粉粿，用绿豆作原料，全名叫绿豆粉粿，银白色、半透明，软嫩甜香，清凉解热，是云霄人最喜欢吃的早点之一。做粉粿的手艺相当简单，那卖粉粿的人家，一般都在凌晨两点起来，把浸透泡发的绿豆磨浆，再用清水浸漂几次，然后用纱布滤去豆渣，倒在锅里加上白糖温火加热，边热边搅到熟，再分别舀到杯口大的小碗里，冷却后倒扣装盘，就算大功告成。一定要问诀窍，那就是绿豆要新的，浆要磨细的，锅碗要消过毒的，那水则舍自来水而到将军山去汲山泉水。说白了，就是要诚实一点辛苦一点，虽说做粉粿是小生意，但这也是生意人的基本操守啊！

水面呢？不怕人见笑，其实就跟我们通常说的"清汤面"差不多，"水面"之名，大概也缘于此。只不过云霄人把所谓的"清汤面"给玩出了一点新花样。

在四五万人口的云霄城关，卖水面的小店竟有七八十家，足见云

霄人对水面之钟情。那天中午我去一家名叫"基本"的小店，店里七张饭桌已经座无虚席，而前来店里打包买回去吃的顾客还络绎不绝。店主之一的黄志敏今年36岁，他家卖水面，也卖了36年。原来，在他出生的那年，老爹才开始挑个小担走街串巷卖水面，如今鸟枪换炮，这二三十平方米的店堂，包括上面还有四层的楼房，

都是靠卖水面挣的钱盖起来的。我问他家的生意为什么这么火，他笑说："学问是有一点，这个大家都知道。"我问："这一点学问是什么？"他说："一要面条有筋头，从前都是手擀面，现在改用机器省力了，但一定要把面粉搅出筋来才做面条；二要汤鲜，肉丸汤加猪骨汤，那汤便有味了；三要浇头好，清汤水面还

要浇上几粒馄饨和肉丸。别处的馄饨馅用肉茸或千刀肉，我们云霄的用碎肉，入口能咬出小肉块，方能吃出肉香。而肉丸，是把还带体温的瘦猪肉打成肉茸，再加玉米淀粉做的，吃到嘴里脆响。最后，浇上一点用猪油炸成金黄的葱头，便满碗荤香了。

云霄城西有座将军山，是云霄著名的旅游胜景，这里有云霄的名吃"烧窑鸡"。

我去的那家小店就叫"烧窑鸡小炒店"，由一位方姓的小姑娘主厨，只见她先塞几根木柴到竹棚边上用耐火砖搭起的约有一尺见方的小窑里，把火点着，再把一堆石块盖在窑顶，便又跑回厨房忙着把杀好洗净的小鸡，浸上用沙茶、酱油和大蒜瓣合成的调料，麻利地内用锡纸外用牛皮纸包好。此刻窑里木柴基本烧光，窑顶的石块也被烤红。她飞快清出窑里余烬，垫上一层烧红的石块，把鸡塞进窑内，上面再盖一层烧红的石块，封好窑口，用一口铁锅扣在窑顶，然后用窑边多年积下的余烬连窑带锅盖得严严实实，半小时后，一只热气腾腾、香味扑鼻的烧鸡便出窑端上餐桌。除了烧鸡，蛋品、地瓜都可如法炮制，小姑娘便特"烧"了几粒地瓜请我，那味道比街上卖的烤地瓜强多了。我想打探一下这烧窑鸡的来历，却没人答得上来，我便不再追问。因为这烧窑鸡的做法和吃法，跟"叫化鸡"也差不离，只是更讲究一些罢了。

◎ 回忆中元节 ◎ 梁 薪

　　农历七月十五，云霄人称之为七月半，又叫中元节，是个仅次于春节的十分隆重的民间节日。

　　据佛经故事载：目连之母堕落饿鬼道中，食物入口即化为烈火，饥苦太甚，命似倒悬。目连求救于佛祖，佛祖令其作盂兰盆，至七月十五日具百味五果于盆中，供养十方僧众，而后，其母得以脱离鬼道，升入天堂。后世因之兴起盂兰盆会。

　　清王凯泰："道场普渡妥幽魂，原有盂兰古意存。却怪红笺贴门首，肉山酒海庆中元。"

　　在云霄，从农历七月初一到三十，不管是城镇或是乡村，都有人轮流做中元节，做节的那天下午，家家户户的门口都会摆上两张一高一矮的桌子，高桌的供品有菜饭、鸡、鸭、鱼、猪肉、香肠以及时鲜蔬菜、名牌白酒和啤酒等应有尽有。矮桌的供品是碗、炉、米，两盘甜糕、两盘水果、三杯清茶，各种食品上面还分别插上一支纸糊的彩色镶边三角旗，里边写着"合家平安"、"大吉利市"、"五谷丰登"、

"六畜兴旺"等字样。整个祭拜仪式井井有条，当事者的神情虔诚而庄重，点完三炷香以后，还要焚烧寿金大银，接着再酹祭五杯白酒，持续时间大约两个钟头。

中元节祭祀，有的人简单地把它归结为迷信，其实不然，我们给已逝祖先烧几张纸看似古板粗俗，实际上表达一种精神寄托，它蕴涵着丰富的思想道德和伦理内涵。这是对离去亲人的一种感激和怀念，是同另一个世界人的一次对话，彼此之间的心灵沟通，是人类种族和精神的一种延续。假如亲人活着的时候，作为晚辈，我们有违背忤逆或照顾不周的地方，在祭祀烧纸的时候，你可以反省自己的行为或过失，哪怕自责检讨几句，也许能求得心理的平衡和宽慰。小时候，过中元节我经常帮父母打纸钱。他们告诉我，打纸钱时有许多讲究，最好是嫡亲的后代，一定要男孩，敲打模型的工具必须是木头材料，打印的痕迹不能重叠，规格分明。因此，我在打印时，总是格外仔细认真校准模型的角度，担心打偏了或者钱币模糊，影响到祖先使用时，遭到拒绝。比较过去，虽然现在钱币多多，五花八门，样子美观，我老是觉得，由后代手工笃笃打印出来的纸钱更能体现出对祖先的一片真情。

过中元节另有一个重要的祭奠仪式，就是放河灯了。放河灯的目的，是普渡水中的落水鬼和其他孤魂野鬼，俗称"慈航普渡"。云霄民间习惯用细竹条捆扎五色纸，制作各色彩灯，底座上通常点放灯盏或蜡烛，中元夜放在江河之中，任其自由漂浮，顺水流走。有的人家还要在灯上写明亡者姓名。有的把纸张材料巧妙裁剪成一只帆船，把它称做大法船。船上模拟一人手持捻珠，代表目连，有的装扮成慈眉善目的观音菩萨。据说，这样做可将一切亡灵超渡到彼岸的极乐世界。皓月当空的夜晚，凉风习习，将纸船与纸灯放进河中顺水漂流。人们根据纸灯的漂浮状况，去判断亡魂是否得救。如果纸灯中途停滞不前或者绕着圆圈打转，被认为让鬼魂拖住了。如果纸灯沉入水底，就推测亡魂脱离苦海，即刻投胎转世了。如果纸灯漂流很远或者靠岸，意味着亡

魂幸运到达彼岸世界，晋级神仙行列了。

放河灯，应以漳江中游最为精彩壮观。漳江河道宽广，碧波清澈，水流舒缓。每当七月十五日夜晚，县城群众聚集漳江岸边的亭台草坪，竞观河灯。各种彩灯争奇斗妍、顺水漂移，小孩子紧盯着自家的灯能漂浮多远，玩到高兴处，腾跳雀跃，拍手欢呼。双手合十的老大妈口中念念有词，颔首祈祷。

现代女作家萧红《呼兰河传》中的一段文字，是对这种习俗的最好注释："七月十五是个鬼节；死了的冤魂怨鬼，不得脱生，缠绵在地狱里非常苦，想托生，又找不着路。这一天若是有个死鬼托着一盏河灯，就得脱生。"大概从阴间到阳世的路途，非常幽深黑暗，没有灯光照引，根本看不清路径。所以，放灯被视为一种善举与功德。可见活着的人们，仍然惦记那些孤伶漂流的冤魂怨鬼。

回顾有关中元节的故事传说，感觉到中元节的祭祀具有双重的含义：一是重温追思缅怀祖先的孝道："人生百善孝为先"，孝是善良和爱心的浓缩结晶。对于庶民百姓来说，祖先与自己血肉相连，情感相通，孝亲祀祖，它对每一个人心灵的陶冶是任何其他形式所不能替代的；一是"普渡众生"，仰望功德，发扬推己及人，乐善好施的优良传统，让富有人情味的慈悲心怀和博爱思想无限延伸，发扬光大。

平元曲·寄二弟

[宋]陈璧娘

虎头将军眼如电，领兵夜渡龙舟堰。良人腰悬大羽箭，广西略地崖西战。十年消息无鸿便，一纸凭谁寄春怨。日长花柳暗庭院，斜倚妆楼倦针线。植分再吸倾六罐，格也一弹落双燕；何不将我张郎西，协议维舟同虎帐！无术平元报明主，恨身不是奇男子。倘妾当年未嫁夫，请效明妃和西房；房人不知肯我许？我能管弦犹长舞。二弟慨然舍我去。日睹江头如雨。几回闻鸡几濒死。未审良人能再睹？

98

云霄端午龙舟赛 ◎ 郭锦系

  刚进入农历四月，端午节的气氛就在修补龙舟的"叮当"声中和上漆绘彩以及新船试水的忙碌身影中弥漫开了。还没到五月，你就会发现大桥的上下游各约40米处，已经插着一根还带着青翠枝叶的竹杆（我们村里人叫它"插青"）。那些毛头小孩就整日粘在船上了。看到他们有模有样的"比赛"，听到他们喊出的号子，人们耳边仿佛就响起了往年激越奋进的锣鼓声了。

  到了五月初五，正式的龙舟赛开幕了。这天的大桥上、溪两岸，都挤满了人。青壮年似乎从这节日里找到了不用下田耕作的理由。老人、孩子，人人脸上带着笑容，一同分享佳节带来的祥和、欢乐。连那些狗们也好像感受到人们的快乐，不停地在人缝中钻来钻去……最引人注目的是那些正处妙龄的姑娘们，她们衣着光鲜，花枝招展，脸上溢着青春的光彩，真是"美目盼兮，巧笑倩兮"，为这节日增添了美丽的色彩。

  按照风俗，要先"献江"，参加比赛的两只船船头系着榕树枝，中舱插面彩旗，先划到村东头的上游处祭祀水神。先由一位年长者面对江面，闭着眼虔诚地念念有词，然后烧纸钱、放鞭炮、酹酒，再把粽子、果品投入水中。祭祀完毕，双方把船划回大桥下，桡手们开始活动筋骨，熟悉水道。然后，双方队员在锣鼓声的指挥下，各在溪水的一侧，一在下游一在上游，相向驶来，相互示威性地冲对方喊："噢——噢！……"最具表演性的是泼水的瓢手，右手一下一下地挥舞着瓢子，似乎在指挥着本船，又在向对方挑衅，前脚有节奏地一顿一顿地压船，使船一起一伏地前进。

比赛即将开始，两船分立上下游"插青"下，大公（舵手）手握青杆，头桡高举船桨，示意准备完毕。挂在桥头的鞭炮一发出"辟辟啪啪"的响声，双方的锣鼓立即响起，船桨一齐插入水中，"哗、哗、哗"龙舟便昂首破浪前进。一时间，鞭炮欢快热烈的"辟啪"声，铜锣清脆激越的"铛铛"声，皮鼓浊重沉闷的"洞洞"声，以及两岸观众们"划去噢—噢……"的助威声响彻溪面，节日的气氛一下子十分浓烈……

在最初的激情之后，人们逐渐沉下心来关注桡手们的表现了。你看，他们个个身材颀长，胸膛宽厚。有的光着身子，露着健壮的肌肉，有的穿着背心，两臂的肌肉随着划桨的用力而突起一团团的肌键，显得何等健美！他们一手在下一手在上紧握桨柄，随着锣鼓声的指挥，整齐地举桨、探身、深插、蹬腿、用力划拉、挺身，然后又举桨、探身……多么整齐划一，多么坚劲有力！龙舟如同离弦之箭怒射向前，船后留下一道深深的浪谷……到"插青"处，龙舟要转弯了，这时该大公和头桡大显身手了。船离青标约3米，大公就要把大桨深插水中，桨平面逆水而立，致使船尾向左迅速呈扇形撇开，船头顺势向右前方转圈。这时大公奋力摇桨，让船身迅速转直。大桡配合着大公。他本

来面向船头的，这时马上侧身面朝船舷，把桨插入船底的水中，身子向后猛仰，让腰力和臂力合在一起把桨的把手往下压，使船头尽快转弯。整个转弯过程中，锣鼓声更加急促，节奏由原来的"×—×——×—"变成了"××××……"如急雨敲打玻璃窗。待转过弯，锣鼓手才重新调整节奏，指挥龙舟继续前进。大公则拔高大桨，依然屹立船艄。

最动人心弦的是一方将被另一方追到的时候，这时观众似乎比桡手们更着急。支持优势方的激动得大喊："追着啦追着啦！快！快！加把劲！"支持劣势方的更着急"快—快——被追着了！"恨不得自己跳入船中抢过桨来拼命划几下。最揪心的是被追一方顺流下行到转弯处时，在支持他们的观众看来，这时的船慢得像只缓缓蠕动的软体虫，而对方借着顺水的气势变得更加迅猛，简直像老虎般直扑过来！当船终于转过身逃过一劫时，支持者才稍稍松口气。但当对方也转好身继续紧追不舍时，他们的心又揪紧了……

最后是对双方体力和意志最严峻的考验。劣势方是丧失斗志、意志崩溃呢，还是抓住一线希望、顽强抵抗以图东山再起？优势方当然想抓住机遇"毕其功于斯役了"。但若遭到对方顽强反抗而久攻不下时，是锲而不舍、再接再厉以求功德圆满呢，还是逐渐泄气、慢慢消沉以至最后败走麦城？

因此，家乡的龙舟赛常常到了黄昏还不能结束。夜色降临了，观众渐渐散去，溪岸渐渐冷清，但河面上激情依然。"铛—铛""冬—冬—"清脆激越的锣声和浊重沉闷的鼓声混合着桡手们"噢—噢—"的沙哑而威猛的呐喊声，更加震人心魄、催人奋进。这些声音久久地在村庄的上空飘荡着……

品味地方风情

两岸"耖神节"共祀陈元光 ◎王一雄

3月12日,农历二月十六是"开漳圣王"陈元光诞辰日。这一天前后,云霄县各地"开漳圣王"庙宇都会隆重举行"耖神节",来纪念"开漳圣王"陈元光。一时间,礼乐响彻漳江两岸,庙宇处处旌旗招展,炮声阵阵,人头攒动。海内外开漳后裔纷纷来到云霄县将军庙、威惠庙等庙宇,祭拜"开漳圣王",表达对陈元光的崇敬之情。

多彩民俗 缅怀圣王

陈元光出生于公元656年,年少时跟随父亲、唐代归德将军陈政前来闽南一带平定啸乱。陈元光不但精于兵法骑射,而且通晓经史,满腹韬略,博学多才,是一名诗人,他遗存诗作有五言、七言排律诗50首,著有《龙湖集》等。唐睿宗景云二年(711年)十一月初五,陈元光在潮州平乱中以身殉职,当时才55岁。

唐垂拱二年(686年),陈元光开漳立州。他厉行法治、重视垦荒、兴修水利,为开发漳州做出了卓越贡献,为百姓所称颂崇拜,并逐步形成民间信仰文化。千百年来,闽南和台湾以及海内外漳籍同胞缅怀陈元光的丰功伟绩,尊称他为"开漳圣王"。由于陈元光率兵镇守南疆,开发治理闽南功勋卓著,受到历代朝廷的赞扬和追封,并建官庙"威惠庙"祭祀陈元光。崇祀陈元光的庙宇遍及闽台及东南亚一带,仅台湾岛就有300多座"圣王庙",云霄境内"圣王庙"也有近百座,历代香火很旺。

农历二月十六是"开漳圣王"陈元光诞辰的日子。云霄县每年的这一天都要在"开漳圣王"庙宇举行闽南特色的民俗活动来纪念陈元光,闽南话叫"耖神节"。耖神节主要有"办大碗"、"耖神"等民俗活动。

"办大碗"这一民俗活动,要在云霄县将军庙"开漳圣王"神像前摆上各式各样的供品：高达2米的"菜碗"，直径约60厘米的大年糕，数百只披红戴绿的鸡，祭祀物品琳琅满目。令人惊叹的是，民众通过巧妙的艺术创作，把鸡鸭鱼肉等供品做成了别具一格的艺术品。独特的创意和浓厚的乡间气息，是任何一家餐馆的厨师都难以企及的：将肥肉片精心粘成2米来高的"肉柱"，当地人称"摆菜碗"，在"菜碗"上缠上红色彩带，顶部插着青翠欲滴的榕叶，中部分别绑上海参、鲍

鱼、人参等山珍海味，红、白、绿相间，蔚为壮观；将木耳贴到猪肚上，做成"牛"的造型；金针菇变成了"蓑衣"，披在阉鸡肥硕的身体上，阉鸡变成了"渔翁"；以面粉、糯米粉及蔬菜类捏塑而成的飞禽、海产品形状工艺供品栩栩如生，还分别塑有"风调雨顺"、"国泰民安"字样。想来，民众盼望陈元光在享受美味的同时，也能欣赏到艺术的美吧！

"开漳圣王"信众在庙内祭拜后，随即进行"姚神"民俗活动。"开漳圣王"庙前常常聚集了很多前来观看的信众，舞龙、舞狮、唱戏等预热项目轮番登台。很快，姚神活动正式登场，"开漳圣王"神像轿子由6名年轻人扛着，轮番在庙前的广场上快速奔跑，小朋友扛着等在边上的牌旗就会跟在它们后面奔跑，场面相当壮观。

"姚神"的第一个环节称为"巡城"。绣旗在前引导，4名身着戏装的童男抬一对宫灯先行，神像依次"巡城"：土地神居前开道，继以元帅马仁、军师李伯瑶、王子陈王向、王女陈怀玉、圣王祖母魏敬、夫人种氏，圣王陈元光殿后。抬神队伍由鼓乐队簇拥，伴以锣鼓笙笛。所到之处，鞭炮争鸣，并摆设香案于各路口恭迎。凡当年的新婚或新生男儿之家，必恭请神像至家门首，置香案、供献金枣茶。礼拜毕，主人盛情请抬神者、鼓乐手吃蜜金枣、乌龙茶等，以此纪念当年开漳将士创建漳州后，常年带兵在闽南各地巡察四境，保障人民安居乐业的恩德。

"巡城"后，各庙宇进行"走尪公"。当祭拜献供盛典进行至高潮时，由村社中之耆老带领预先选定的数十个青壮男子，每6人编成一

品味地方风情

105

组，各组共擎一尊巨型木雕神像，列队待发。起点与终点各有两位礼炮手，专司放"三拜枪"（即三声连响的礼炮，由铁管制成，装火药燃放），而神像前另有两人鸣锣开道，其后又有一个执罗伞者撑遮神轿，值闻鼓擂炮响，各组健儿分别共举各尊神像，协力疾速奔驰如飞，至终点时停止，礼炮再连鸣三声。这一环节形象地再现了当年开漳将士驰骋疆场的威武雄壮场景。

据清代《云霄厅志?祀典》等史料记载，"姚神"活动在云霄已流传了1000多年，每年举办一次，祭典一般由当地官府主持，祭品丰富，富有特色。唐代中后期，漳州先民把"圣王"香火带到台湾奉祀，"姚神节"民俗活动也一同传入台湾。台湾各地每年都在农历二月十六这天隆重举行"姚神"民俗活动，并保留至今。

台湾"姚神"民俗源于云霄

每逢农历二月十六，台湾各地万人空巷，开漳庙宇纷纷举行纪念"开漳圣王"陈元光诞辰日仪式，"姚神"民俗活动精彩纷呈，其中一项活动颇有特色，当地俗称"尪公"游街。这天热闹非凡，不亚于过年。

台湾桃园陈氏宗亲晋谒云霄威惠庙

台湾的"姚神"活动其实是一种偶像戏。"姚神"典礼开始时，庙宇抬出模仿开漳先贤神像的纸制偶像（也称"尪公"），20位青壮年立即隐身于这些偶像中，并抬起偶像随古乐舞蹈。每座偶像由脱胎纸漆材料做成的，高约3米，其腰部装饰纸制猛兽头，"兽口"大开。隐身于偶像的青壮年头部刚好位于猛兽头处，两眼通过张开的"兽口"看路。台湾"姚

神"源于唐代的"军阵舞"，与漳州旧时流行于乡间的"佤戏"很相似。如今，这些古时"姚神"仪式在闽南已很少看到，这是中原古文化在台湾发扬光大的又一例证。

两岸共同的民俗活动——"姚神节"拉近了云霄与台湾的情感距离，有力推动了两岸的文化交流。近年来，到云霄寻根谒祖、文化交流、经商贸易的台胞进香团、谒祖团已有4万多人次。而云霄县有关部门、民间社团也以圣王民俗文化为专题先后10多次组团参访台湾。2002年，威惠庙等大陆开漳祖庙的圣王塑像在宝岛受到万千信众的顶礼膜拜，轰动一时。圣王民俗文化已成为两岸民间交流和交往的一个重要纽带。

过盘陀岭

[明]林 弼

盘陀岭上几盘陀，
茅竹潇潇雨乍过。
水暖游鱼出阴涧，
草香驯鹿食阳坡。
怪山当面疑迷路，
啼鸟迎人却和歌。
纵谓世途当险恶，
太行蜀道复如何？

品味地方风情

◎ 听潮曲　说潮剧　◎ 方朝晖

云霄的地方戏曲是什么？按有关戏剧的史料介绍，是潮剧。可是，潮剧因以潮字命名，人们很容易认为潮剧只是广东潮州的地方剧种，实际上，潮剧是在闽南、粤东一带共同发源的地道民间地方剧种，也是云霄的土特产，并非外来产物。早在南宋，云霄一带民间演戏已是蔚然成风。靖康年后，宋室南渡，金邦、蒙古先后南侵，福建闽南这块地方变成大后方。有许多长江以南的外省人纷纷迁移到闽南以避难，其中，有不少温州人，他们同时也把家乡的戏剧——温州杂剧，带到了我们这里。温州杂剧在这里与当地的民间演唱互相结合，逐渐本土化，最终形成一个新的剧种叫"白字戏"。白字戏又随着大量闽南人移民粤东而传入潮州，又吸收了当地的民间说唱特点，增加了潮味，最后形成了独具特色的潮剧；但当时还把它叫白字戏，直到新中国成立后，戏剧改革，才由潮州当地文化主管部门把它正式命名为潮剧。

潮剧在云霄自始至今都很受群众的喜爱。据地方志的记载，清一代尤其盛行，每演社戏，万人空巷，曾经有不少年轻人因看了描写男女追求自由恋爱的戏文而"结侣私奔"，因此官府很恼火，把白字戏列为"黄毒"，禁止演出达数年之久。无独有偶，"文革"时期，"四人邦"为了禁锢人的思想，也禁演潮剧多年。但群众喜爱的文艺形式是永远无法禁止的。远事没法稽考，近事我因亲历颇有体会。"文革"

后期，我借调到县委机关工作，有人举报，某村在演"黑戏"（即潮剧），我与同事们奉命前往劝阻，村领导借故躲开，让一些老太婆老大爷死死缠住我们，不让我们靠近舞台，有的村民还放话，谁敢阻

拦，就要和谁拼命，其实我们也无心禁戏，便识趣离开，然后找个理由向上面敷衍了事。即使是"三年困难"时期，大家生活很贫苦，但对潮戏的热爱不减。听说，当时在剧场演连本戏，有的家庭主妇把生蛋的老母鸡都卖了得钱去买戏票看戏。云霄的民间谚语，与潮戏剧目有关的俯拾皆是，如"哭得像刘章一样"，出自《刘章下山》；"冤得像窦娥"出自《六月雪》；"魏延撞破招神灯"出自《五丈原》……这说明潮剧在云霄人的生活中，已不单是一个文艺形式，已是生活本身的一部分。

在商品经济社会的今天，每当夜幕降临，你沿漳江两岸徜徉，不时还可听到阵阵潮乐随风传来，令人心旷神怡。在江边的花树下，三五群聚，泡功夫茶，奏潮音器乐，此是云霄漳江边一道风景线。我想，潮曲与功夫茶也许是最能体现云霄人热情好客，散淡爽朗品格的标志了。

在民间，维系戏曲生命最重要的环节是社戏。云霄向来有演社戏的传统，而演的戏，绝大部分是潮剧。50年代初，童年的我，曾目睹演出盛况。记得我第一次看潮剧的演出，是在今天的云陵下港街进德社曲馆边的一个砖瓦厂旷地。高台两边都是贮藏砖瓦半成品的简易仓库，

中间是很大一块空地，平时工人晾砖瓦用的，演社戏的时候，就被当成了露天剧场。高台上开场锣鼓一响，台下黑压压人头攒动。从那时起，我就和潮剧结上了缘。上个世纪80年代初，我调进县潮剧团当编剧，一当就是十几年。

新中国成立后，龙溪专区所属各县纷纷成立了戏曲改革筹备委员会对旧班社进行改造。云霄县也以原有的潮剧班社为基础，组建了云霄县潮剧团，而活跃于乡村的几十个民间业余潮剧团仍然予以保留。1954年，云霄潮剧团曾经参加过省传统剧目观摩演出，老演员吴县秋主演折子戏《搜楼》获得好评，据说吴县秋有个绝话，能从舞步台的一侧腾空跳至另一侧。旧时的舞台小，如果是今天的大舞台，能这样跳的话，完全可以到奥运会去比赛跳远了。这个时期，云霄潮剧团还出了两个在潮剧界很有影响的名演员：一个是演丑角的林璋，他一口气能唱几十句的唱词，常博得满堂彩；一个是演老生的庄金柄，唱腔穿云裂帛，被誉为"铁喉金声老生"。

1966年至1976年的"文革"浩劫中，县潮剧团被撤销，业余潮剧团被禁办，家乡的潮剧濒临灭绝境地。粉碎'四人帮'后，云霄潮剧又一次获得新生。1979年恢复县潮剧团建制。业余潮剧团大部份恢复活动。家乡的潮剧进入了新的发展时期。 新时期以来，尤其在80年代后期90年代初期，为云霄潮剧发展史上的黄金时代。其标志是出现了一大批有较大影响之创作剧目，连续在省内外各种戏剧评奖上获奖。云霄潮剧团创作《宝镜篇》、《易婚记》、《断鸿曲》、《泪洒秦淮》、《围城记》、《冒官记》，六次参加省会演并获奖。其中，《围城记》一剧曾获福建省第十八届戏剧会演剧本一等奖和优秀演出奖。青年演员陈裕、陈葆玲还获得金牌奖。

同时，云霄潮剧团还走出国门到新加坡、马来西亚等东南亚各国演出，深得当地观众欢迎。

还被省政府列为省级非物质文化遗产加以保护。潮剧这朵南国奇葩，今后一定会开放得更加灿烂。

云霄人的茶道 ◎林榕庆

在云霄人的眼里，茶只有山茶和溪茶之分，山茶就是产自武夷山的茶，而溪茶则是指铁观音，因为主产地在安溪，所以称为溪茶。除此之外，其他茶是不喝的，像绿茶、花茶、红茶、普洱茶等。而实际上，云霄人传统上只喝武夷岩茶，铁观音最近十几年来风头正劲，但在云霄也就一些与外界较有交往的人士待客时才偶尔品尝，真正的云霄老茶客，他们的茶杯里，永远都是浓浓的、酽酽的武夷水仙和肉桂。

水仙要年份久一点的好，泡出来茶色深，韵味悠远，两三盏入喉，茶瘾立消；而肉桂则必须是新茶，一年四季，春茶最好，香气足，入喉生津，回味无穷。这两种武夷岩茶是真正的"云霄茶"，到朋友家去，主人问："喝什么茶？"答曰："云霄茶吧！"泡出来的不是水仙，就是肉桂。同是产自武夷山的岩茶，还要分岩上的茶，岩下的茶，据说岩上的茶冲泡在杯子里，杯面上会萦绕着一层雾气。越是产在高山上的茶，雾气就会越浓，喝起来回味就越好，价格自然也远非岩下茶所能及了。

当然，这都是有闲阶级的讲究，普通老百姓，比较关心的是茶的"泡水"问题，比较耐泡的，叫做"有泡水"，自然也就更受老百姓

的欢迎——要知道，在宁可无米不能断茶的闽南地区，茶叶对每家每户来说，那可是一笔不小的开销。铁观音在云霄之所以不风行，大概与它的茶色过于淡雅有关，作为茶，茶水清澈似乎很不到位。"无泡水"的茶冲几次，茶水的颜色就淡了，那叫做"薄茶"，薄茶等于薄意，是不能待客的。外乡人初到云霄，看到热情的云霄人泡出来的茶浓得有点像刚熬好的中药，往往是不敢喝的，心想等冲得淡一些再喝吧，没料到待茶色稍薄，主人就换茶叶了，只好壮着胆试着抿一小口，才发现这看起来发黑的茶水，原来并不苦，还会余甘留韵，令人陶醉，慢慢也就习惯了。

其实，云霄的人就有点像云霄的茶，起初给人的感觉很不典雅，像乡下表哥似的，但是你又会感觉他做人做事都很到位。待交往深了，才发现云霄人拙而真，敏于行而讷于言，他们的身上透着一股大气。因此，很多人爱和云霄人交朋友、做生意，云霄自古商贸繁盛便是佐证。

在云霄的文化中，茶还是一种"和"的象征。"来泡茶"是云霄人最典型的招呼，说明你被当做朋友，是受欢迎的。要是两个人原先有些小磨擦，其中一个人对另一个人说"来泡茶"，那就等于主动发出和解的信息，事情就好办了。如果两个人结怨较深，就须得由一个有声望的人在家里泡上茶，把两边人叫过来，坐在一起喝上个三五泡，也就握手言和了。同时，云霄少有茶楼，喝茶想有个茶伴，不是得请人来坐就须到别人家去串门，一来二往，大家的亲情友情就日益深厚了。

◎ 云霄发粿 ◎ 陈健峰

  我女儿小时候很喜欢吃一种名唤"发粿"的云霄粿。下港尾南阳街有一老伯，肩挑竹提篮，一头蒸笼，一头煎盘，沿街叫卖。每当那吆喝声经过门口，我女儿并不叫唤哭闹，只用她乖巧的黑眼珠子盯着阿公，年迈的阿公是个远近闻名的老中医，不管怎么忙，都要停下手中的问诊，颤抖着从系着布扣子的土制白色汉装上衣口袋里掏出两毛钱，叫阿东哥去买发粿，然后心满意足地看着小孙女狼吞虎咽，看着那白花花的白糖珠子将小圆脸涂抹成小花猫一样。

  发粿是云霄人喜爱的食物。四时八节，祭拜天地公、神明、祖先，婆媳嫁女，乔迁志喜，庆丰收演社戏，各项活动都离不开发粿。它绵甜细软口感好，老人孩子皆适宜，它不湿不燥宜携带，行船赶路都方便，它大吉大利好彩头，馈赠亲朋情意长。在闽粤台各地，家家户户喜食发粿，这个风俗习惯渊源流长。唐总章二年（669年），即1300多年前，开漳圣王陈元光建置漳州后，实行屯田，修建水利，兴办书院，通商惠工，将中原灿烂的文化和先进的生产技术带到闽南各地。发粿来自于中原，是陈元光拓土开疆、行军打仗中便于携带的主食，随着漳州的开发和繁荣就这样流传于民间。百姓出于对陈元光将军的衷心拥戴，每次祭拜中都以发粿为主食，以表敬仰之情。

  阿英做的发粿人人爱吃，其中是有缘故的，传统的做法是面粉加红糖，阿英经过比较掺进部分米浆，使得口感更绵软；传统的做法是用红糖，阿英加入了部分的白糖与砂糖，使得发粿的颜色红里透亮更香甜。做发粿的技术在于搅拌、炊蒸、火候，每一笼新出锅的发粿，阿英都要洗净手，虔诚地洒上红米、芝麻，意喻花好月圆，富贵安康，万事如意。

  发粿好吃意好情更好。改革开放，太平盛世，人民安居乐业，一路顺，一路发，"发，发，发"，真是老百姓心中最美好的祈愿啊。

品味地方风情

◎ 竹塔泥蚶 ◎ 林榕庆

竹塔泥蚶消失许多年了，年轻一代的云霄人都还来不及品尝到它鲜美的味道，竹塔泥蚶就"泥牛入海"了，这实在是令人遗憾的一件事。要知道，在云霄，凡是有点年纪的人，对于竹塔泥蚶都有一个情结，它让人想起小时候的过年，回味起一种幸福的味道。

除夕晚上送灶君是很隆重的仪式，按我们云霄的乡俗，众神在腊月二十四就被送上天休假了，唯有每家每户的灶君必须留下来继续值守，一直到除夕子夜才坐"云马"上天复命去。小的时候，我曾经对"云马"非常感兴趣，我想那应该是速度奇快的一种交通工具，因为灶君在那么短的时间内要赶到天上去，没有极快的速度是来不及的。大人们摆上丰盛的酒席果品为灶君饯行后，就烧了"云马"，在这个时候我总是瞪大眼睛，想看到灶君驾着一缕青烟腾空而上的情景，可是什么也看不到，于是注意力很快就回到了祭品中的那一盘泥蚶上了。

泥蚶是供奉灶君时不可或缺的一样的祭品，据说是因为"蚶"在闽南话中与"和"、"合"相近的缘故，表达一种吉祥的祝愿。但在于我，所高兴的是灶君终于没有吃掉泥蚶，而是把这一年中最美味的食品为小孩们留了下来——直到现在，我对灶君一直颇有好感大概源于此——其实不单是灶君，对这种为人民谋福祉而自己却高风亮节的神或人，我们都理应心存敬意的。泥蚶不多，大人们都舍不得吃，只为我们来掰开泥蚶的壳，每当吃下这些香甜可口的泥蚶时，我才真正地感受到过年的好处，想想看，鲜红鲜红的蚶血，一颤一颤的蚶肉，咬在嘴里鲜鲜的、脆脆的，天底下有比这更好吃的东西么？熬夜到灶君上天那是值得的。大人们告诉说，这种蚶产自我们云霄的竹塔，别的地方的人可是吃不到的，这些话让我对"竹塔泥蚶"有了深刻的记忆，并且从小就认识到身为云霄人是多么的幸福。

到后来，泥蚶照例还是年年有的，但渐渐就不如从前好吃了。起初想，大概是好吃的东西多样起来的原因吧，终于还是知道了那并不是竹塔泥蚶，而是外地来的，挺便宜，当然不能与竹塔的同日而语了。那么，竹塔的泥蚶到哪里去了呢？莫非都出口了？（我知道我们中国人有一种克己待人的优良传统，总是把最好的东西提供给外国人享用，自己只留次的。）然而 问之下让我惊讶不已：原来竹塔泥蚶不是卖到外面去，而是已经在市场上消失了！

那么珍贵的物种怎么就消失了呢？原因，说法不一，有的认为是过度捕捞所致；有的说是那几年养蛏收益大，滩涂都改养蛏了；还有人说，有一段时间海水的水质变了，泥蚶无法生长了。总之，正宗的竹塔泥蚶是没了。现在的泥蚶也都是竹塔出产的，外地运来的泥蚶一般都要在竹塔暂养一段时间，等咸度退了、肉质嫩了，才能上市，凡经这里暂养的泥蚶，品质也能远高过其他地方的。话虽这么说，可许多年来我却再也没吃到过小时候那么鲜美的泥蚶了。逝去的东西总是无法替代的，记忆中的美好再也不能重现，就像去年今日此山中的那抹依旧笑春风的桃红。

这几年，由于加强了对漳江口红树林的保护，竹塔一带的水域环境有了很大的改善，许多濒危珍稀物种像黑脸琵鹭、黑嘴鸥等纷纷在这里出现，但始终没有听说竹塔泥蚶被发现的消息，而每年在这里暂养出产的泥蚶却有增无减。一位竹塔村的老养殖户告诉我，江河出海口咸淡水交界处出产的海鲜是最上等的，其实竹塔泥蚶也并非一种特殊的品种，过去吃到的泥蚶因大都是野生的，所以口感好，假如把外地来的泥蚶放养在红树林底下让其自然生长，时间一长，也就成竹塔泥蚶了。

清漳十咏（选三首）

[明]王祎

漳水南边郡，闽乡到此穷。地偏冬少雪，海近夜多风。百粤山川属，三吴景物同。昔贤遗化在，千载紫阳公。

奢竟仍民俗，纤华亦土功。杯盘箫鼓里，灯火绮罗中。茉莉头围白，槟榔口抹红。良宵上元节，纨扇已摇风。

是处方言别，漳南觉更强。儿童皆呼"囝"，男女总称"侬"。不雨犹穿屐，因暄尽佩香。人人牙子紫，都为嚼槟榔。

品味地方风情

115

寻找**故**事传说

　　云霄这方乐土，早在四五千年前就留下大量的史前文化遗迹；到了盛唐时期，已成为开创漳州的发祥之地。迄今依然闻名遐迩，引人思慕。古往今来，岁月悠远，让漳水云山得以不断积淀甚为丰厚的人文历史资料，且均在秀丽的自然景观之中，演绎出诸多深富内涵、颇饶雅趣的往事轶闻，于民间世代口耳相传，乃至被神化了部分历史事件与人物，使其愈见异彩纷呈，更加妙趣横生。从而反映出社会大众善恶分明、淳朴耿直的传统思维模式与价值取向。民众正是通过这些故事传说，去讴歌真善美、鞭笞假恶丑，借以表达全社会对和谐氛围下那美好生活的向往与追求。这就是民间文学历来广受欢迎之魅力所在。

陈元光字 书影

陳政字一民光州固始人父克耕從唐太宗攻克臨汾等郡政以良家
子從征功拜玉鈐衛翊府左郎將歸德將軍高宗總章二年泉潮間
蠻獠嘯亂民苦之僉乞鎮師有成奏者以靖遐方朝廷以政剛果敢
為而謀猷克愼進制護大夫統嶺南行軍總管事鎮綏安偏裨自許
天正以下一百二十三員俱裹號介詔曰莫辭病則朕醫莫辭死
死則朕埋比至鎮百九草劍備極勞瘁羣蠻來侵自以乘寡不敵退
保九龍山泰禽益兵朝命以政兄敏暨兄敷領軍校五十八姓來援
敏敷道卒母魏氏多智代領其衆入閩乃進師屯禦梁山之雲霄鎮
邊徼寧殂因作宅於火田村居焉嘗渡雲霄指江水謂父老曰此水
如上黨之清漳以漳名郡本諸此鳳儀二年四月卒子元光

唐
知州
陳元光河東人舊志謂其通儒術所著兵法射
訣與黃石公素書及大公韜畧相表裏父政為
諸衛將軍戍閩元光從父以來父沒代領父眾
以功授玉鈐衛左郎將永隆二年即永淳遷嶺
南行軍總管垂拱二年請置罪州以功遷中郎將右鷹
揚衛將軍躬率部曲剪雜荊棘開拓村落收輯

散亡營農積粟興販陶冶以通商賈以阜貨財
乃深入險阻掃蕩殘黨東距泉建西踰潮廣南
抵島嶼北抵虔撫威望愰然方數千里無柴破
之齊後帥輕騎討賊後為其失期力戰而死漳民
哀如喪考妣朝廷為其光贈臨衛大將軍子
響彈明經不仕孫郡振州寧連令曾孫詠恩州
國朝入祀典守臣春秋二祭
論曰元光自唐垂拱二年開創此州迄今八
百餘載而民思念之者如一日其故何哉蓋

◎ 陈元光智破娘仔寨

◎ 蔡永茂 方 臻

　　唐高宗的时候，在今云霄、漳浦交界的盘陀岭旁边，有一个叫娘仔寨的村落，其地形很像一只大天鹅，地势十分险要。那时，娘仔寨住着几百户人家，里面有个寨主叫娘慧仙，她18岁的时候，继承了父亲的基业，当了寨主。这娘慧仙生得妖冶艳丽，且十八般武艺样样精通。她平常惯用一支长枪，就是几百个男人也近她不得；她还有一个绝招，会念动咒语，把娘仔寨前的鹅形山崖掀离地面，高悬半空，一时木石齐滚落，让攻寨的人只能仰天长叹，奈何不得。因此，这里亦称"腾鹅峒"，附近村寨都只得俯首听从她的指挥，她也就强霸着盘陀岭周围的地盘，不但不服大唐王法，而且经常恃强凌弱，肆意蹂躏无辜的平民，危害社会。

　　奉圣命由中原南下平镇闽乱的将军陈政病逝之后，他的儿子陈元光继承了父亲的职位，继续完成先父未竟的事业。陈元光听说盘陀岭上的娘慧仙独霸一方，猖狂异常，决定亲自带3000军马平定娘仔寨，扫除地方暴乱。

　　陈元光带领军队向娘仔寨进发。军队在盘陀岭安营扎寨毕，立即派使者送檄文给娘慧仙，限定她必须在3天内投降。娘慧仙看了檄文，非常恼怒。虽然她也听说陈元光军队兵强马壮，要硬拼当然不会有好结局，但如果束手归降，自己辛辛苦苦建立起来的威信岂不是毁于一旦？要打呢？又恐怕敌不过朝廷的大军。娘慧仙左思右想，一时拿不定主意。她只好召集周边各村寨的酋长峒主，前来商量对策。有的说"唐皇力量大，我们这块弹丸之地怎么抵挡得住？不如早点归附他。"有的说："我们虽然力量弱小，但有这块鹅形宝地做保护，唐兵力量再大，也不足怕。"听过众酋长的话之后，娘慧仙沉吟片刻，心想："我娘慧仙自有生以来还没有败过一次，陈元光欺人太甚，我非给他一点颜色看看不可。"随后，他叫过唐军使者，当着使者的面把那张

寻找故事传说

119

檄文撕得粉碎，然后说："你可回去告诉陈元光，叫他要来就来，我娘慧仙决不投降。"说完，便把使者撵出娘仔寨。

使者回到军营，向陈元光陈述了他出使的详情。陈元光听后，知道又有一场恶斗，马上召集部下，做好了战斗布置。

第二天，两军在娘仔寨外的旷地上对峙。陈元光指着娘慧仙："看你年纪轻轻，一个弱小女子，不如早早归顺天朝，免受皮肉之苦。"娘慧仙也不甘示弱："你要怎么样？随你的便，我娘慧仙是不会投降的。"话音一落，陈元光的身边飞出一员大将，使着一把明晃晃的大刀，杀向敌阵。这边的大将甫晴香，挥着双铜出来应战。两人在山坡上奋战40回合，甫晴香气力不支，招架不住，败阵而回。唐兵一拥上前，娘慧仙赶忙吩咐士兵大擂战鼓，她拿出宝剑，口中念念有词，那鹅头似的山崖随着她的咒语高高升起于半空中，山顶上的石头、滚木纷纷砸下，唐兵近它不得，有不少人被打得头肿烂额，元光只好吩咐赶紧收兵。

元光收兵回营，心里很是气恼，他想明天要亲自出马，跟娘慧仙较量一番。认为要是把她除掉，其余的就不足怕了。

隔天，元光亲自临阵，只叫慧仙前来应战。慧仙道："败军主将何足道哉"！也就挺枪跃马跑下山来，两人大战30回合，慧仙想：要是这样杀下去，不能取胜。因此虚晃一枪，拨马回头就跑，抽出宝剑，口中又念起咒语，刹那间这山寨又高悬起来。元光奋勇跃马追上去，但山势陡峭，跑不上去。这时山上的擂木、滚石和弓箭如雨点般铺天盖地而下，元光身上早中了一箭，负伤回营。他气得说不出话来，对左右说："自幼随父入闽征讨，战胜了不少困难，征服了不少山寨，现在却败在这贼女之手，真是可恼。"他一面请军医李茹刚治疗箭伤，一面跟军师李伯瑶商量如何攻破娘仔寨。

军师李伯瑶早就跟随元光的父亲陈政平闽，建立了不少功勋。他平日精研兵书，胆识过人。打仗那几天，他留守大本营，这下又听说唐兵败了两阵，便星夜赶到前线来。元光问他有何妙计破敌。他说："这妖女手段高强，又懂点法术，要是这样硬打下去，是不能取胜的，我想在那鹅地中间开一条沟渠，她的符法就不灵了，因为只有这样，她们的擂木滚石必然尽入这条深沟中，再也滚不到我军阵地上，我们再进攻才有把握。"元光说："我们要怎样跑到那里去开沟呢？她岂能视若无睹。"伯瑶说："我要让她自己开。"他俯在元光耳旁说：

"如此如此。"元光答应了，吩咐他注意自身安全，从速依计行事。

　　在一个天气晴朗的日子，娘仔寨的寨门外出现一个看风水的江湖术士模样之人，自称要见寨主。把守寨门的士兵把他浑身上下看了看，就带他去见寨主。一到大厅上，慧仙看了看他的打扮，问他到这里干什么？他说："听说你们跟陈元光打仗，想来助寨主一臂之力。"慧仙沉吟了片刻，突然大声喊起来："你是陈元光派来的奸细！"并吩咐左右把他抓起来杀掉。其实此人正是李伯瑶，可是伯瑶一点不害怕，只是微笑。慧仙问他笑什么？他说："要杀便杀，还问什么？"慧仙说："我军正与陈元光作战，你化装为术士前来打探消息，这怎么骗得过我。"伯瑶故作叹气："我听人说娘仔寨的寨主聪明贤慧，原来却是个心胸闭塞不开窍的笨蛋。"慧仙觉得奇怪："你为什么说我是笨蛋？"伯瑶又说："要杀就动手吧，何必多费口舌。"慧仙说："你只要说得有理由，我就相信你。"伯瑶从容地说："我原是广东人，昨天刚到这儿，听人在传陈元光仗着人多武力大，要来霸占本地人的土地。我认为我们岂能服他！都应尽力反击。我看唐军迟早会被击退消灭。今天我为了顺应天时，前来帮你一把，早点消灭强敌，怎知你却好歹不分，话还未说完，就怀疑我是个奸细。现在我冤死不要紧，只是白辜负了我这片好心。现在我也没有什么顾忌了，只恨自己也笨，看错了人。"慧仙原是要吓唬他一下，听他这席话，又看他很安闲自在，疑虑渐消，自忖看来此人并不是奸细。于是就叫左右为他松了绑，并请他到大厅上坐谈，一面设宴款待。酒席上，李伯瑶一味盛赞她有谋略，而且法术高强，又说她们与唐朝分庭抗礼是豪杰的壮举，是顺应天命的。娘慧仙听了很高兴。他们又谈到军事方面，伯瑶应答如流，使娘慧仙佩服得五体投地。最后，谈到如何消灭陈元光军队，李军师说："要消灭陈元光不难，以娘寨主的贤能，必有天助，把他们消灭掉。不过据我看来，这里杀气腾腾，凶光太显，动干戈不止一年半载。

寻找故事传说

即便陈元光的军队被消灭后，唐王还会派兵来，今后这里打仗时间还长着哩！我们现在只靠这鹅地来战胜敌人，但这鹅地有个很大的缺点，若不早想办法，以后就来不及了"。娘慧仙问道："有何缺点？"他说："鹅总要喝水呀，我们为抵抗唐军而常常动起它来，它必然会口渴力乏。要是不给它水喝，终会渴坏的，以后我们再呼唤它，它就很难听话啦！所以寨主的符法也将会不灵了。"娘慧仙慌忙问道："那该怎么办？"李伯瑶说："只有个办法，让你试试看。那就是设法让鹅喝水。这办法我已有所考虑，即宝寨可在半山坡上开一条濠沟，引来山顶泉水入这沟渠。这样，鹅就天天有水喝啦！如此一来，包你这块宝地在数十年内还有灵异！从此任凭敌人力量再强大，也是无计可施的！"娘慧仙听罢大喜道："要不是天赐先生到来指点，我是想不到的。"她马上召集人马去挖沟。李伯瑶看到计已成功，便委婉地向她告别。娘慧仙想留住他。他说："我还得潜伏到山下去看看风水，以保万全。"临行时，娘慧仙要拿钱给他，他说："我是顺天应时到此献计助阵，并非为钱而来，等到您得胜后，我再来拜访看望你们。"

3天之后，飞鹅山上真的出现一条横绕于半坡上的大壕沟。陈元光此日再次挥兵向娘仔寨发起总攻。娘慧仙出来应战，她又念起符法来，可是，这次山不会动了，她骤然着急起来，汗侵香额地又念了几遍咒语，但还是没有动静。慌忙命令寨兵打下擂木滚石，可是却又纷纷滚落山坡上的这条濠沟内，根本伤不到唐军。待到木石滚尽，沟也被这些木石填平了。至此时，她方知中计了，真是后悔莫及。于是她赶快

往山洞里冲，但洞口早已被趁势冲上山的唐兵把守着，她急忙拨转马头往海边方向逃走。陈元光见此情形立即率队追赶，但追了一段路，便看不到她的踪迹，只能吩咐军士们团团围住海边，切不可放走她。却说此时的娘慧仙心慌意乱，只顾沿着海边落荒而逃，走到古县龙溪东隅的石码旁边一个村落，她饿极了，想进村了里找些吃的。她问村里人，这是什么地方？人们告诉她说"这是啄鹅村。"她一听反复地念："啄鹅……"她忽然大惊失色道："啊！这是个不祥之地，不可久留，要赶快离开。"她刚要跑，不料后面追兵已到，喊声四起。这骄横一时的女寨主见大势已去，仰天长叹道："母亲生我时，梦见一只鹅在屋子里跳来跳去；长大后，村里的人都说我是鹅神下凡，都佩服我的神奇法术，因此我方能称霸一方。今天来到这绝地，明明是天意，我何必再逃呢！"于是就要拔剑自刎。就在此时，唐营军师李伯瑶正好领兵设伏于此，见状急忙上前夺下娘慧仙手中的宝剑，并情真意切地晓以大义，明以大势，劝她归顺大唐，将飞鹅寨纳入"唐化里"，并答应仍可让她在旧地执掌领导权，成为大唐帝国的一位地方官员。娘慧仙在李军师诚恳的劝说感化下，终于跪下谢恩，表示愿意归顺大唐。

娘慧仙既已归顺，陈元光的军队立即开进了娘仔寨。陈将军传令不得滥杀一人，并出榜安民，将此寨一带村社改置为"唐化里"之一，真的照旧让娘慧仙担任这个里的里长。然后高奏凯歌返营，重新计划以恩威并济的战略去完成他平息"蛮獠暴乱"、安定闽粤边荒的光辉使命。

宿古楼公馆

[明]陈洪谟

公馆依然据古村，
肩舆再至岂辞烦。
门前桑叶饶丹色，
阶下寒莴碾绿痕。
随处稻粱秋正熟，
几家烟火夜初昏。
劳劳尘鞅何时定，
回首湘江有梦魂。

寻找故事传说

125

◎ 周亚夫古神配新偶 ◎ 方 臻

云霄作为唐代开创漳州的发祥地，千百年来民间一直保持着不少古风异俗。如对汉将周亚夫将军的崇拜，是唐代"开漳将士"从中原带来的又一古俗，迄今在闽南各地实属少见。下坂村的"王爹庙"便是一例，并且流传着一条人神联姻的美丽传说。

下坂村位于云霄城关东北面，仅一江之隔，现仍属县城云陵镇所辖。就在原下坂小学的西北邻，保存着一座规模较大的庙宇。大门两旁一对朱漆黑字楹联，在维修之前虽斑驳褪化，但仍可识读，曰："细柳营中严戒胄，古樟庙里显威灵。"这确是专祀西汉名将周亚夫的祠庙。

庙堂二进一院，附有东西两厢，属悬山式抬梁木石结构。石柱上刻有楹联："周将军韬略至七国，汉丞相义勇配千秋？"又"爵不袭父封，让德名扬青史；兵疑从天降，雄才胆破强藩"，确是周亚夫生平业绩的忠实写照。这与现被元代漳州路总管同知陈君用改称"五通庙"的火田西林大庙殿堂上那座祀于"五显大帝"前排的"广平尊王"神像，是同一个历史人物。这座下坂"王爹庙"的创建别有原因：据传说，几百年前的一次大洪水，把西林大庙中的神像淹浮，其中的周将军神像随洪流漂至下坂村，被一棵古老樟树与树下的荆棘拦搁于此，当地民众于洪水退落后发现此一神像，旋于捞像处兴建了现存的这座庙宇，来奉祀这尊被洪水漂来的神灵。但当时只有周将军像，未有将军夫人像。后来又增塑了周将军夫人像以配对。

关于此庙的营建年代，现未有任何文字资料可查，但本县却有一则有趣的民间传说：好几百年前，大臣山西南麓的漳江边有一个谢姓族人聚居的村庄，名"篮兜山"。有一年的正月十八，是周亚夫将军的诞辰纪念日。这一天，四乡六里的民众多到此座庙中焚香膜拜，向"王爹"祝寿祈愿。时篮兜山村有一谢家姑嫂俩，甚是亲密，就备了香烛祭礼，偕同村中的女伴一起到下坂庙拜王爹。因庙中的"王爹"

神像塑造得很俊美，那个姑娘不禁失口赞叹："王爹真美呀"！而那个做嫂嫂的也就戏谑地对姑娘笑着说："姑娘大了就想飞，你既然称赞王爹，不如嫁给他做夫人吧。"说话间把手指在姑娘脸上一点，顺势把姑娘推向神像。谁知自此日之后，这个姑娘竟然一直患病不起，并常在梦中见到一位英俊将军夜夜来探视她。当父母的见女儿病势日重，延医无效，很是心急如焚，终日围着女儿流泪，询长问短。姑娘也就把梦中之事告诉了父母。她的父母也早就知道媳妇与女儿拜神时开了玩笑的事，闻此言即疑心是下坂庙中的"王爹"来求亲，但神与人怎么能够通婚呢？还是做母亲的心较细，想出了一个验证的办法，要女儿用一团几百丈长的细纱线穿上一支针，等夜间的梦中人再来时，就把针线扎上其袍角，以便循线寻踪。果然在第二天清晨，一条红线就从这家的门里一直通到下坂"王爹"庙中的神像袍角上。这就使这一家人又惊又忧，果然证实了是"王爹"爱上了女儿了。可是，做父母的怎么忍心让女儿年纪轻轻就去"做神"呢。于是有一位堂伯名叫谢虎，替他们想了一个自以为巧妙的办法，请来一位木雕巧匠到篮兜山村，依照此女的花容月貌，雕刻了一尊与姑娘模样极为相似的木雕像做为替身；而且以当地嫁女的民俗礼仪，诚恐诚惶地把雕像送入庙中，实是指望女儿能从此转危为安。可是她的女儿却在送雕像的当天晚上咽了气。所以当时的人都说"王爹"娶了篮兜山谢家的女儿做夫人了。这段民间传说，饶有趣味，也可证明这座庙宇确实创建时间很早。因为据实地查勘，今大臣山西南麓的漳江北岸，确有一处荒冢坡地，现在仍名"篮兜山"，距下坂只有1公里余路程。今篮兜山的湮土中和坡表面，仍遗存着很多房屋的基石，说明此地在古代确是一个背山临水的村庄。后经深入考查：此村庄的湮废时间是在明代中期以后。由然可以佐证了下坂王爹庙的创建年代，应不晚于明代初期。正因为如此，人们都说：这座庙的神灵，名大福亦大，真是"旧神配新偶，佳话传千古"。

寻找故事传说

127

◎ 陈吊王与陈吊妹　◎ 方群达

　　陈吊王就是陈吊眼，他的大名叫陈大举，因他的左眼有点畸形，就被人们浑称为"吊眼"，也有人叫他为陈吊。陈吊有一位胞妹，大家都习惯称她为陈吊妹或陈姑娘，有的又叫她陈大妹，所以后世也就没有人知道陈姑娘的名字了。且说这位陈大举从小失去双亲，家里有一个小妹妹，即陈吊妹，兄妹两人与叔父一起住在云霄南山堡的牛坑村，吊眼长大成人并娶妻成家，他妹妹也已长成一位美貌而矫健的大姑娘了。他们一家克勤克俭，安分守己，靠种田过日子。这牛坑堡，遗址就在今杜塘水库南岸中部的山坳间。

　　据传说，陈吊眼的住家原来是在附近的杜塘村，只因有一年十一月半，村中做年尾祈福民俗节，村里的人都到财主家门口分福肉，这福肉是拜神明的猪肉，分的肉比买的肉还要贵，但因为福肉是拜过神明的，分来让家里人吃后，能保庇全家平安。村里的人分到福肉，向主办的财主交了钱，各自欢欢喜喜地回家去。陈吊眼忙于垛草，就叫妹妹去分福肉。谁知这财主非但不分福肉给陈吊妹，还对陈吊妹大骂："你们无耆大人哪里像个家，怎么有福气，也想吃福肉？回去告诉你阿兄吧，你们未有这份福，还是安分一点去啃吃草根吃鼠肉吧。"

　　陈吊眼正在垛草，看见妹妹哭哭啼啼回家，就问妹妹："我们家的福肉呢？"陈吊妹就把事情的经过告诉哥哥。陈吊眼一听，火冒三丈，抓起垛草用的木叉就直冲财主的家。陈吊眼冲进财主的家，看见这财主正在吃肉喝酒，就怒气冲天，猛喝一声："你这无理的财主，我今天让你吃最后一顿福肉！"猛地用木叉捅向财主。那木叉从财主的前胸捅入，背后穿出，财主当场毙命。

　　陈吊眼杀死财主，慌忙回家叫上妻子、妹妹，还有他的叔父一家人，连夜逃离杜塘村，跑到南面5里多路的牛坑村后一处叫空壳山的密林石洞中躲藏起来。他从此也就再没回过杜塘，成了牛坑村的人。

再说地方官府当时曾几次派人到空壳山捉拿陈吊眼，但都因为地形不熟，空手而归。地方官府无可奈何。合当陈吊时来运转，就在此怒杀恶财主，躲入空壳山之后的不几天，正逢天下改朝换代，宋室江山变成了蒙古族的大元天下，因而他这人命官司也就无人深究，不了了之。他全家也从此定居牛坑村，天天早出晚归，辛辛苦苦地耕耘在南山堡牛坑村西面的红溪坂山地上。

　　有一日，陈吊眼的妻子给正在田间劳动的丈夫送午饭来了，她坐在田头等着丈夫歇工吃饭。满身污泥的陈吊眼，抖落身上的泥土，坐在田埂上吃粥，配着熟"江鱼乾"。可怪呢，忽听到旁边的树梢上有一只小山雀叽叽喳喳叫个不断："陈吊陈吊，种田不要，做贼做王是脚俏！"陈吊眼仰头一看，便没好声气地骂道："这鸟儿乱叫，难道没看见你陈吊叔在这里摸田土，呸！一派胡言，能想当什么大王！"不管陈吊眼怎么骂，那只小山雀还是使劲地叫着。陈吊眼是个火烈的汉子，这下子可真气恼了。他指着碗中的"江鱼"，对小山雀说："假如这碗中已断了头的'江鱼脯'下水还能复活的话，我陈吊眼才真的会当大王！"边说边把碗中的"江鱼"都扔入身边的水沟里。真神奇！这碗中的江鱼干，多是断了头的，这时候被放入水中，竟连无头的江鱼也活蹦乱跳，还会游来游去哩。陈吊眼不禁惊异万分！但是，陈吊眼仍不敢相信自己真的会当大王。于是他气愤地把手中的铁耙向涧水中投去，说道："假如这铁耙会浮水，我才相信会当大王。"果真，那铁耙子竟然也会在水面上浮游！"莫非真的要我当王，这可是个好兆头呵。"陈吊眼与妻子面面相觑，心中都有一种异常惊疑的感觉。

　　至今，杜塘水库西端的红溪坂一带山涧中，还生长着一种头部扁平而齐整，像是没有鱼头的小鱼，据说，这就是当年陈吊王倒入水中那些"无头江鱼"的后代。

　　果不其然，此时元兵大举南侵，到处残害百姓，陈吊眼与农友们都怒不可遏，纷纷议论着：与其在此受苦等死，不如揭起义旗，团结抵抗，保护家乡，说不定还能为民立下大功，成就一番大事业呢。俗语说，"时势造英雄。"正好此时宋室名臣文天祥，在福建延平府（南平）向宋朝天下义民勇士们发布告，要各地民众起兵勤王，抗击元军，保卫大宋江山。于是，大家公推陈吊眼为首，响应文大人的号召，在红竹尖山上聚义誓师，果然一呼百应，很快组成一支抗击元军的大队伍。这支起义军们都自命为天星降世，必将护国救民，于是就在他们

聚会宣誓的石山上，刻下"天星聚讲"四个大字，至今还清晰可辨。义军们果然个个英勇，取得节节胜利，使元兵一时抵挡不住，撤出福建，退至浙江。陈吊眼的义军很快与闽北义军联合，进击至浙南，声威大震。陈吊眼在这形势下，真的被义军们一致推选为"镇闽开国大王"，还建立国号叫"昌泰"，欲与元朝分廷抗礼，斗争到底！尽管义军们不能挽救南宋的覆亡，但抗元的英雄们都在历史上留下赫赫英名。所以后世的人们都亲切地叫陈吊眼为"陈吊王"，还认陈吊为王，正是应验了红溪坂那只会说话的小山雀之预言呢。人们还特别强调说，陈吊王的军队当初为何能节节取胜，应该记他妹妹的一大功劳。因为原来陈吊妹在少年时期，曾入深山学道，不但练得一身好武艺，而且修炼成一身法术，能剪纸为将，撒豆成兵，简直是一个"九天玄女"降世。但当时她这一身本事，却不愿显山露水，一直以一个弱女子的身份被大家所认识。而这一切，还得从她的幼年说起。

说起陈吊妹，云霄人亦几乎家喻户晓，妇孺皆知。她自幼失去双亲，靠哥哥陈吊眼抚养长大，兄妹两人感情一向很是亲密的，每当妹妹要去哪里玩，哥哥都是依着她，让她自行安排。有一次，陈吊妹离家向南翻过几道岭，来到九侯山采药，遇见一个云游至此的老道姑。老道姑听了她的身世，就把她留在九侯山的石榴洞中住了七天七夜，认真训导。临别之前，老道姑对陈吊妹说："你日后会有出头的日子，我赠你一件法宝，今后若遇危急的时候可以用。"陈吊妹接过法宝，告别老道姑，沿着山间小路走回牛坑。走呀，走呀，眼看转过了乌山，就能到达牛坑。可是，一条深涧横在她的面前，而且此时天色渐黑，山风呼啸，她心中难免又一阵焦急。她记得来时山涧上有一条独木桥，现在独木桥被山洪冲毁，这荒野山中唯她只身一人，难免急得直跺脚。忽然，她想起石榴洞那位老道姑赠予的法宝，便在心中暗念："遇到危急的时候可以用，现在算够危急吧？"于是她打开包袱，掏出法宝，原来这法宝是一条红绸带。陈吊妹就把红绸带向前抛去，果然，一座木桥就出现在她的面前，她高高兴兴地过这红木桥，收了绸带，赶回牛坑村。古人说：山中方七日，人间已七年。她哥哥问起为何一走数年未归，害得哥哥因小妹出门失了踪迹，而忧烦着急这么久？她只是笑着说，自己被几个姐妹留住了几天。

再说，当年哥哥陈吊眼杀死财主时，陈吊妹随哥哥上空壳山避难，又入山得遇道姑传授法术和武艺，平安回了家，直至后来陈吊眼上山聚义，揭旗兴兵抗元，陈吊妹也就毅然参加义军，协助哥哥的抗元大业，而且屡建奇功，因此她在众人的心目中便是一位神通广大的女英雄、大仙姑。陈吊妹就这样尽心尽力辅助哥哥干大事。例如有一年，陈吊眼的起义大军在广东三饶、大埔一带被元兵包围，正在危急之际，陈吊妹抛出红绸带，铺成一座桥，又撒下一碗豆，化为一阵兵，帮助起义军杀出重围。此后她又帮助哥哥的军队北上漳泉，勇猛杀敌，处处施展出惊人的才华。可惜后来因元军增兵反扑，义军难以抵挡，只得退回云霄。陈吊妹奉哥哥之命守护着义军根基之地的门户"悬钟鼻山"，她还在山顶上造了七座小坟堆，摆成"北斗七星"的形状。据传这些坟堆里所埋的，尽是她用纸剪成的神将。她为何这样做，也是"天机不露"。她为鼓舞士气，还在此山西边岭口的大崖石上，刻下"万夫之望"四个大字，只是此"望"字被她刻成"日月王"叠组而成。她为何不写"亡月王"呢？乃非误笔也。据传这也是陈吊妹未卜先知，有意提示：蒙元敌寇在日后必将被"明王"所灭，取而代之的便是汉家大明王朝。她确实推算极准，80年后果然是大明灭了元朝，天下重归汉人了。至今此崖石上这四个大字的字迹尚明，此处也被后人称为"万夫岭"。

却说陈吊眼的起义军进击浙南失利，元廷又大量增派军队反扑，使陈吊眼的义军寡不敌众，且战且退，从闽北退下漳州，退到老家云霄红竹尖，凭借险要的地形，顽强地同元军对抗。陈吊妹随哥哥驻扎在红竹尖和万夫岭一带，继续利用武艺和法术，协助哥哥管理义军。有一天晚上，几个将领偷偷跑到陈吊王面前告密，说陈吊妹无缘无故把刚刚招来的几个新兵宰掉，腌在水缸中。陈吊眼听了，心里甚是惊疑，加上义军连连失利，他心里对妹妹的这些做法难以理解，疑心重重，认为妹妹在此前多能出奇制胜，近来为什么法术少施，助阵失效，致令敌人转败为胜？

陈吊妹不知道哥哥对她起疑心，依然积极向哥哥出谋献策。有一次，她宰了一只鸡，用清汤把整只鸡煮熟后，又亲自动手把鸡剁成一块又一块，而且按旧习俗让每块鸡肉与鸡皮相连，然后拼装在盘子上面，做成一道地方名菜"白斩鸡"。其实这道菜原先还有个古雅的名称，叫做"玉身金凤"呢。陈吊妹小心翼翼地将这美味佳肴端出，温情脉脉地邀请陈吊眼和军中几位主要将领来吃鸡肉喝美酒。酒席开始，陈吊妹躲在一边窥视。按照惯例，陈吊王要先动手夹鸡肉，其他将领

才能动手。陈吊王用竹筷夹起鸡肉，但夹了几次，都夹不断肉块。此时他身边的将领却冷眼看着他了，没有一个人肯主动用竹筷帮助他把鸡肉分开。陈吊王只好放下竹筷，用手抓扯鸡肉吃。陈吊妹看了，觉得哥哥手下将领虽然不少，但在目前兵败退守的情势下，军心已变得如此涣散，真心诚意协助哥哥干大事业的人愈来愈少。看到这种情形，陈吊妹不禁想起500年前的祖上陈圣王也曾因这样的"鸡肉事件"而差点要怒斩女婿，可是那是因为当时有人妄自骄纵，贻误军机。而今天哥哥的部属却是慑于时势逆转而离心离德，这已是非常严重的大事啊！

这难怪她心里觉得既愤慨又悲凉。事后，陈吊妹建议哥哥遣散那些三心二意的将士，退守乌山的湖内十八宫，凭借十八宫险要的地形，养精蓄锐，等候日后时机成熟，再行反攻。陈吊眼一听，就冲着妹妹大声怒吼："你别多嘴，我暂时失利，你就动摇。我且试问你，我辛辛苦苦招兵买马，最近你为什么无故杀掉好几个兵卒，现在又要我遣散将士，你想背叛吗？"陈吊眼越说越来气，竟然拔出利剑，刺向妹妹。陈吊妹见哥哥居然要杀她，知道大势已去，就退了一步，拔剑在手大喊："哥哥，你别过来，论武艺，你不是我的对手，你如果真的忍心要杀我，可以在明日清晨趁我梳妆时再动手。但我还是希望你三思，要以大局为重！"

陈吊眼回到军帐，心事重重，又有一个将领进来向他禀告："大王，不好了，你妹妹又把刚招来的5个士兵宰杀掉腌进水缸。"陈吊眼一听，怒发冲冠，决意杀掉妹妹，清除"内奸"。

次日天色刚发亮，陈吊眼就手执利剑走向红竹尖，果见妹妹坐在红竹尖一块高盈2丈的石头上，对着山坑的涧水为镜子，在慢慢梳头。她那丈二长的头发像瀑布似的，从其头上披下来，几乎可遮住了整块石崖。陈吊妹听到脚步声，知道自己死期已到，便头也不回地对哥哥说："哥哥，我知道你要杀我，杀与不杀，这是天数，请你慎思之。不过，你要知道，我平生惯使阴兵，近期以来我所杀掉的士兵不是真人，而是我用纸剪成的兵将。我之所以把这几个纸神变成的兵将腌入水缸，是考虑到红竹尖这一带田地少，但如今义军屯兵此地，军士们的粮食不能得到保障，估计日后会产生内乱，因此我认为这是极其严重的问题。为了长远之计，我只好秘密地把用纸剪成的士兵杀掉腌入水缸，乃欲让其腐烂后变成小虫。日后，你若需要兵马，只要打开水缸盖，用手掏出小虫，这些小虫就会变成士兵，这批神兵虽不吃不喝，但可让你指挥使用。这也是因为妹妹我不可能天天跟在你身边救应，更何况哥哥你又不会撒豆成兵，我也就只能这么做了。哥哥，我做的一切都是为了你好呀……"陈吊王此时正值心烦气怒，哪有心思听妹妹解释。只见他手起剑落，把妹妹劈成两半，这位女英雄就这样惨死于兄长的剑下。陈吊妹的血从石头上流淌下来，陈吊王定睛一看，不禁惊呆了：妹妹的血不是红色的，而全是白色的。他见此情形，始知冤屈了妹妹，可一切已无可挽回了。至今那块梳妆石依然矗立在红竹尖山上，上面还保留着陈吊王的义军早年聚师之时刻着的一行字"朝天人恚气冲霄"。每当人们看见那块梳妆石，就会为这位巾帼英雄、抗元神女陈吊妹而扼腕慨叹！

陈吊王误杀了亲妹之后，痛悔不已。加上元军追迫日近，他率领起义军残部摆脱元军重围，退守在乌山湖内十八宫一带。十八宫怪石嶙峋，石室遍布，暗道相连，易守难攻，起义军凭借十八宫险要地形，击退元军无数次的围剿进攻。

元军围剿十八宫已有月馀，依然无法攻克。元军首领只好向朝廷告急，请来朝内国师，设法攻破十八宫。国师来到元军营寨，元军首领陪同国师察看地形，又到杜塘观察陈吊王的祖墓。国师说："陈吊眼的祖墓是龟穴，其地理灵气注定会出人王。现今只需要500名士兵，用锄头挖掉'龟颈'的泥土，让其颈断龟死，这陈吊眼便会自行灭亡。"500士兵接受命令，迅速连夜挖土。说也奇怪，那龟颈的泥土，今天挖完，明天又会冒出来。这样连续挖了半个月，累死了好几十个士兵，龟颈却依旧完好。国师感到奇怪，就叫人摆上猪头五牲，重礼拜求这里的"福德正神"土地公。这土地神当夜在梦中对元廷的国师言道："什么都不惊（怕），只怕乌毛獸和显牙精。"国师得到启示，明白"乌毛獸"指黑公狗，"显牙精"指铁斩锯。于是他就叫人宰了两条黑公狗，把狗血泼向"龟"身，又叫人用大铁锯锯断"龟"颈，这才把陈吊王的祖墓灵气真的给败了。元国师又了解到乌山附近"白狗峒"有一个卖豆腐的张老汉，经常挑豆腐到十八宫卖给起义军。他就派人把那位老人"请"到军中，胁迫这老人要依计行事，答应他事成之后重重有赏，否则要灭他家族。

那位卖豆腐的张老汉既慑于元廷的军威，又经不起重金收买，就表示愿为元军效劳。

元世祖"至元"十九年壬午之秋，月圆中秋夜。张老汉叫上几个

帮手，挑着月饼、糕点、芋头和几十只公鸭，向乌山十八宫进发。

再说陈吊王在十八宫山崖上，眺望明月当空，不禁想起自己错杀妹妹，泪流满面仰天长叹。此时一个把守关隘的将领进来通报："那个乌山卖豆腐的老人挑来月饼、点心，还带来几十只鸭子，共有三、四个人一起上咱十八宫，说是前来犒劳大王的。"陈吊王把手一挥，对来人说："知道了，把它分发给众弟兄过节吧！"

十八宫内的起义军，三五成堆，趁着月光烛影，在山洞里分享着月饼、糕点。这卖豆腐的老人看见起义军将士开始在山洞内嘻闹着争吃月饼，他赶忙叫帮手用利刀割破鸭颈，用他们随身带来的几个大芋头沾上鸭血。然后，他们把这些流着血的公鸭扔进石洞。公鸭扇动翅膀，作垂死挣扎，把石洞内的蜡烛都煽灭了，石洞内的兵士顿时乱作一团。这张老汉又把沾上鸭血的大芋头一个个扔进石洞，他的这几个帮手又在洞口大声喊杀。洞内的义军将士听到喊杀声音，又摸到沾着鲜血的芋头，在黑暗中更加惊慌失措，误以为摸到被砍断了的弟兄人头，认为元军已冲杀进来，都急忙操起兵器进行厮杀。无奈洞内岖崎黑暗，看不清人面，导致自相残杀，结果死伤无数。正在这时，预先埋伏在附近的元军也漫山遍野地杀向十八宫。

陈吊王听到喊杀声，冲出石洞，只见月光下，元军大声呐喊着向十八宫杀来。陈吊王情知不妙，忽然想起妹妹临终前的交待，洞内的水缸中藏有阴兵，危急之际可以用。陈吊王急忙转身入洞，跑入放水缸的洞室，借着穿过石缝而射入月光，他只见十八个大水缸排列在地上，上面都用木板盖着。陈吊王掀掉木板，果然水缸里蠕动着满满的小虫，一股臭味扑鼻而来。他一阵恶心，心里大骂："莫不是戏弄我吧？"他竟忘了妹妹临终前的嘱托："掏小虫要用手"，而是一手捂着鼻子，一手用剑在水缸里搅动，然后，用利剑一拨拨地把小虫挑起来。果然被他挑出的这些小虫，一落地就变成兵卒，并都拿着武器，冲出洞外去迎战元军。可惜因陈吊眼的宝剑在水缸中搅动，早已伤及许多小虫。因此，未被剑截断割死的小虫所变成的士兵，不是少胳膊就是断腿脚的。那些残废兵卒一冲出洞外，很快就被元军消灭。陈吊王见大势已去，慌忙带上几个心腹将领，杀出一条血路，冲出重围。

陈吊王率领几位残馀将士冲到径下，奔至天壁岭一处叫"和尚寮"的山坳间，天空已经发亮。只见山上到处有元兵阻挡，后面的追杀声也渐近。陈吊王知道突围无望，毅然指挥将士拼死向前冲杀。元军把陈吊王及残馀的起义军团团围困在这"径下岭"。此处的一块大石壁上，还有陈吊王当年起义时刻下的"开天门"3个大字。他抬望眼看到这几个大字，真让他感慨万端！陈吊王举刀奋力冲杀，斩敌如麻，但终因寡不敌众，且战且退，退至山涧边的一块大石盘上，躺下稍作歇息，随手把大刀放在石盘上。可是追兵很快找到他。他急忙伸手提刀，不料这大刀却怎么也提不起来，竟然粘紧于石盘上，他只好空手迎敌。就这样，陈吊眼被元军擒获押解到漳州府城，很快便被杀害了。后来，人们为了纪念这位农民英雄，就把"径下岭"改名为"陈吊岭"。至今，在红竹尖山上的陈吊眼起义聚师处，民众为了缅怀祭祀这位抗元英雄，就在这山上的"天星寺"前，建造一座不大的庙宇，专门奉祀着陈吊王和陈姑娘这兄妹两人的塑像，这小庙就称为"忠烈庙"，香火常年兴旺。每值游客至红竹尖山，都必先在忠烈庙内上香拜谒，瞻仰凭吊这700年前的云霄英雄兄妹。

陂兜畲民的来历

◎ 方立真

云霄县下河乡车圩的陂兜村，是全县唯一的畲族村。全村人都姓钟，如果写成原来的字体，则要写"金重"锺，不可写成金童"镗"，因为金童镗，却不是畲人！不信，请你到这个村中土围楼"交椅楼"内祠堂边的祖庙"崇耀府"一看便知分晓。

且看这神庙，门口对联上写"崇正黜邪赐刀嫁妹，耀宗显祖驱鬼移居"，说的便是陂兜畲民世代崇奉的"河南老祖"钟馗的故事。

那是唐朝德宗时期，皇帝听信了朝内奸臣的谗言，诬陷下南福建汀州府的百姓个个刁恶，人人奸诈，抗租抗役，不守王法。直把汀州的黎民百姓奏得一无是处，好像全天下的刁民都出现在汀州府。这皇帝一闻奏报，龙颜大怒！立即降下旨意，决定剿灭汀州全府人民，而且手段非常阴险毒辣。皇上既要避免大动屠刀的血光过盛之嫌，又懒惰采用绳索绞杀这么多的人，便依照奸臣策划的毒计，打算用毒药将汀州府的百姓全部毒杀。

昏君和奸臣的毒计，使朝内的文武百官听了，个个胆寒，但却又都敢怒不敢言。这时候，河南人钟馗虽然已是进士及第，但因他的相貌比较丑，皇上竟然听信了奸相的话，不肯任用钟馗去做官。这一天，奸臣要行毒计杀灭汀州人，自己又做贼心虚，不敢亲自到下南来执行这件缺德又损名声的差事，便心生一计，保举钟进士来充当这个"钦差大臣"。

钟进士一接圣旨，心中十分惊疑。本来想推辞不干，可是他是个心地耿直的善良人，反复考虑以后，认为如果自己不接这圣旨，自身犯了逆旨之罪虽不要紧，可这个昏君还会派别人去当这恶毒透顶损阴德的钦差。那么，汀州百姓就必定在劫难逃。想到这里，他毅然接过药物，带着眷属南下，直入汀州武平城。

钟进士到了武平，立即传见了各县地方官员和众多乡绅耆老，查问当地的状况。经过几天的调查，才知道原来这汀州府有一个恶霸，与朝中的那个奸臣是亲戚，平时横行乡里，鱼肉百姓，穷人们尽受欺凌，地方官们也都惧怕他的靠山，不敢惩办这个恶霸。以致这恶霸凭着靠山到处为非作歹，欺男霸女，真是无恶不作。人们见到他都比躲避瘟疫还要小心。这一年，就因为全汀州府各地都不能按时应付这恶霸的无理要求，得罪了这个臭名昭著的大恶霸。于是这恶霸写了一封

信，派家丁送到京城。那个奸臣亲戚见了信件就上朝诬陷妄奏，这才惹来了汀州府几十万黎民百姓的杀身之祸。

真相大白，钟进士气得胡须倒竖，真是有气无处出，怒发冲冠。他想，如果执行圣命，岂不枉杀了汀州百姓？如果违抗皇命，不向民间发放毒药，自己也逃脱不了逆旨欺君的杀头罪。这将如何是好？钟进士冥思苦想，最后决定舍己救人，把带来的毒药一包一包地配着酒，全部独自吃了下去。他一时腹痛如绞，双目瞪瞪，带着万分的怒气，离开了人世。

且说钟进士服下毒药的第二天，他的夫人昌祀氏，才发现老爷死在衙门的公堂上。你说奇也不奇？这钟进士的遗体，并没有倒下，而是威风凛凛地站立在公堂中，满脸胡须都向上翘，双眼突出，怒目圆瞪；一手执利剑，一手指向天上。府中的各位官员，闻声过来一看，个个大惊失色，慌忙跪拜堂前。经众人这一拜，钟进士的遗体才慢慢倒地，落出他身上紧藏的一卷锦绣黄帛圣旨。众官员取出这圣旨一读，如梦初醒，始知原来是朝廷派钦差钟大人带来毒药，要汀州知府把这御赐之物搅入粮米之中，分发给各家各户，哄骗百姓是"万岁隆恩，御赐皇粮"。这知府和众位知县个个吓得魂飞天外。待到惊魂稍定，才恍然大悟。人们无不痛惜钟大人为了拯救全汀州的百姓，自己才把毒药全数吃了。这大恩大德，真是比山高，比海深，让人刻骨铭心永世不忘！

故郡 云霄

【海峡二十七城市历史文化系列】

唐将军庙

[明]林偕春
英风义烈凛当年，
庙貌长存海国天。
斑白有时谈往迹，
汗青无自睹遗篇。
空山豺虎闻宫剑，
落日龙蛇护几筵。
一自荆榛披血战，
云霄王气至今传。

　　消息一传出，全汀州府的百姓十分震惊，家家户户扶老携幼，哀哭跪拜到府城，叩谢钟钦差的救命大恩。汀州知府倡议集资在武平城内建造钟馗的庙宇，来纪念他，这庙便取名"崇耀府"，并按照钟馗归神时的脸容塑像。所以，钟馗庙的神像都是目瞪口张，须发倒竖，怒容满面的，叫人看了心中先有三分畏惧。钟进士的夫人及子女，从此也就定居在汀州府武平城了。此时，全府民众与官员，联名向朝廷奏报了发生在汀州府的这起重大案件，恳求皇上开恩，为汀州百姓洗冤，严惩恶霸；尤其强烈请求追赐钟馗的封号。

　　皇上一见这"万民书"，明白了真情，忏悔不及，就追封钟进士为"天下都鬼王"，执行驱除邪恶，扶持正气的职责；同时，皇帝批准了百姓的请求，严惩了奸臣和恶霸。

　　从此，钟馗的家眷被汀州人挽留定居在武平，传衍了一代又一代的子孙。到了宋朝的时候，才有一个房派的钟氏家族，从武平县迁居到龙溪（今龙海市）的陂头村；而另一房派就移居于诏安官陂乡的港洲和港头村。然而云霄陂兜村的开基祖，就是从龙海陂头村钟姓第四世迁移过来的，所以，村名才叫陂兜村。这一故事是云霄陂兜钟氏这族姓一代代流传下来的，而且年年都祭拜"祖先"钟馗公，他们还在其《钟氏家谱》上记载了此事。那么钟姓畲民来历是否真的如此，就有请读者去见仁见智了。

◎ 陈岱地名的由来 | ◎ 方 维 陈志清

　　今天的云霄县陈岱镇中心，是几个密集的大村，据传原先都属于一个大城堡内的东西南北各村寨，而且这个城堡建有大小9个城门，因而自古俗称此处为"九门寨"，而且长期以来都住着姓陈的民众。后来为什么改名叫做陈岱呢？这话还得从清朝康熙年间说起。

　　康熙年间，福建有个姓郑的布政使①夫人，某年的一天，她要从广东娘家回省城福州，途经九门寨。在九门寨的要道上有一座唐代"开漳圣王"后代子孙建造的陈氏大祠堂，朝廷赐诰：要经过这座大祠堂者，文官下轿，武官下马，以示对开漳先贤的尊敬。郑布政使的夫人心想：我是当今堂堂的布政使夫人，与唐朝的人相距千年，互不相识，才不管这一套呢。于是她令手下照旧用大轿抬着，大摇大摆地穿入寨门，经过祠堂前。敢这么放肆的，自古以来也是这个郑布政使的夫人算第一人。这件事惊动了告老还乡的我陈氏乡贤"州同祖②"陈梦林，他说"岂有此理！叫村中的少年孩童们去撕破她的轿帘，踩断她的轿腿！还有，今天九门寨内暂时罢市，大家赶紧去把她要经过的那城外小木桥立即拆掉！"这骄横狂妄的贵妇，感到平时民众对她都毕恭毕敬，连磕头也唯恐不及，此日万万没想到会在九门寨这个小地方受这份窝囊气。郑夫人这一气非同小可，发誓若不铲平九门寨、驱散陈家人，自己誓不为人。郑夫人气归气，当时也奈何我们这位州同祖陈大人不得，只好灰溜溜地绕山改道上省城去了。

① 布政使：掌管全省钱粮的官。

② 州同祖：州同，州府的副职，称"州同知"，当时的陈岱人尊陈梦林为州同祖。

寻找故事传说

139

③巡抚：掌管一省民
政、军政的长官。

幸好，陈梦林晓得郑布政使夫人也不是那么好惹的，当即日夜兼程，赶在郑夫人之前到达省城，拜见巡抚③张伯行大人，他说："几天前，郑布政使的夫人经过我的家乡九门寨，可是我们那小地方的民众从未见过这么有气派的架势，一群顽童由于好奇，过去围观，不小心挤坏了郑夫人的轿子。但这位郑夫人却全无容人之量，硬说九门寨的人故意对她不尊重，甚至罢市抗礼，所以她发誓要其丈夫派人去铲平九门寨，让全寨姓陈的人知道她的厉害！巡抚大人您有所不知，我们那里是小地方，3天一圩场，郑夫人到九门寨时，恰巧不是赶圩开市之日；至于说木桥搬家，事也真凑巧，郑夫人到九门寨的前两天，刚好下了一场暴雨，连木桥也被洪水冲垮了。"

且说那郑布政使的夫人，做梦也不曾想到：陈梦林这老头儿和巡抚大人张伯行，不仅原是老朋友，而且早年还曾经救过巡抚张大人的公子一命呢。听完老朋友诉说的如此这般，巡抚大人当即表示："你尽可放心，朝廷自有王法在，不会任凭啥人的意气去欺压良善的，至于郑布政那里，待本官跟他理会。"

再说郑夫人一回到省城，就把这次在九门寨被陈氏民众欺负的经过，添油加醋地告诉丈夫布政使。郑大人一听，肺都快气炸了："这还了得！区区刁民竟敢不尊堂堂的巡抚夫人，这不是反了吗？"郑布政使马上把情况再浓笔重彩一番，滔滔汇报给巡抚大人，迫切要求派兵员剿平九门寨。巡抚大人表面上应承了下来，实际上却另有打算，一再拖延未办。而这郑布政也不敢频频催问上级有否去办这事。就这样不知过了多长时间，有一次，郑布政使携同夫人欲回广东老家探亲，从水路返回，船经铜（东）山的大嶂，遥望到前面一派美景：一片近低远高的村庄似是浮在眼前一片汪洋之上，那村庄的背后又是一簇簇墨绿的榕树，荫翳着这个大村寨，真是一个山光水色俱佳，极宜民众安居的好去处。他不禁心中赞叹不已。郑布政使问驶船的艄公："前面那么美，是什么地方？"

"九门寨。"艄公答道。

"啊！九门寨，当年那么多姓陈的人是否还在（粤东方言称"在"如"代"。而九门寨一带的方言也与之相同）？"艄公答曰："姓陈的当然永远"代"（在）那里居住着呢。"郑布政使一听，差点儿昏过去。他心想：我堂堂布政使，娘子曾在此地白白地遭那姓陈的人愚弄一番，至今却丝毫动他们不得，那巡抚大人还将我忽悠了这么久。

故郡 云霄
【海峡二十七城市历史文化系列】

我这还有什么脸面见人呢？他越想越气，越气越想不通，随即在船上郁郁气咽而死。他那夫人于这次的返家途中，遭此变故，也就威风尽失，哭哭哀哀回家去了。

正是由于当地的方言"在"和"代"字谐音，"岱"又是泰山"岱宗"的简称。因此，郑布政死后，当地人便从"姓陈的人还代（在）"这句话的"代"字下面，加了个"山"字，表示世世代代安如泰山居住此地。从此"陈岱"这个名称，让九门寨的人们都乐意地接受了。300年来，人们也就渐把"九门寨"的旧名淡忘了，而是都习惯叫"陈岱"，一直至今。这由地方语言音韵衍生出来的故事，听起来或许有些离奇，甚至有点流俗，所以信与不信也完全由你。

晋亭峰

[清]陈天达
一片幽楼地，
千年胜迹留。
星辰近可摘，
山海望中收。
石蟑余苔古，
泉声出谷幽。
仙云如冉冉，
笙鹤又来游。

◎ 火烧新岩 | ◎ 方宪民 汤洪宾

在云霄沿海岢屿村通往南山村的古驿道边，有一座庙宇遗址。这里过去曾有一座寺庙，俗称"新岩"，位置与剑石岩隔山对峙。相传在古时候，这剑石岩与新岩都曾经同样历经浩劫，但为什么剑石岩能够重修，保存下来成为风景名胜，而新岩却至今仍被遗弃，破落的废基址一直横卧在山上呢？这里面原来有着一段令人愤慨而惋惜的传说。

相传在古时候，云霄西林村有一个以弹弓打鸟为生的村民叫张勇，他平时以善射出名。有一天，张勇沿着陈岱、岢屿一路打鸟，走到陈岱乡下曾村一带，正值中午时分，烈日当空，口渴腹饿，就在路边大树下的一块大石头上躺下歇息。正当张勇迷糊入睡时，忽然听见树上有鸟叫声，他张开眼睛一看，一只雏八哥"加令鸟"在树枝之间跳跃欢叫。张勇看后，心想：这只八哥这这么小，打死你拿去卖也值不了多少钱，干脆把你吓走，免得影响我休息。于是，他拿起空弹弓，斜着一拉，不料雏八哥却随声掉落在张勇身边。张勇一看雏八哥受弓响而惊落，知道是一只刚出巢学飞的惊弓小鸟，现在既然掉落在身边，也就顺手抓起，想把它拿去卖给人家喂养当宠物。张勇得了八哥，忘记了饥渴，拿着这只小八哥沿途叫卖。到了海边礁美村，被一个姓施的员外看到。施员外看到这只八哥娇小可爱心想买下它，能为家里人调恬情趣，打发无聊，就决定买下，让家里的妻子喂养消遣。

这个施员外，妻子美丽又贤慧，只可惜夫妻婚后十几年，一直未能生出孩子。员外娘子看到这只小八哥，就高兴地把它收养在身边。从此，这只八哥就成为员外娘子的随身宠物，不管这员外娘子走到哪里，八哥就跟随着她飞到那里。这只八哥慢慢地学会了说些人的话语。且说这员外娘子十几年没有生养，心里好生苦闷，听说岢屿南山有一个很灵感的新岩，凡有所求，必有所应，她很想去朝拜许愿，求菩萨保佑自己早生贵子。丈夫知道妻子的心愿，也就满心怡悦地答应了。

员外娘子择了个吉日，备好各类香烛供品，就携带女婢上路去剶屿新岩求佛，那只八哥也随着主人上路。

到了剶屿新岩，员外娘子将香烛供品摆在案桌上，开始顶礼膜拜。这员外娘子的到来，庙里小和尚们赶忙跑去向住持方丈报知，将员外娘子的美貌身材大力描绘一番。原来这新岩的方丈是一个野和尚，向来不守佛门清规戒律，好色淫乱习以为常，且在庙宇殿后地下暗设机关密室，屡屡秘密将前来烧香许愿的美貌女子关押在里面，进行侮辱。野和尚得知今日有这么一个年轻美貌的员外娘子前来下愿，忙在暗中整理布置一番，便满脸堆笑地来到佛殿，一双淫邪地目光直看员外娘子。员外娘子见这住持方丈亲自来关照，忙起身与他行礼。野和尚看见员外娘子长得果然如花似玉，邪心顿起，一时意马心猿，简直垂涎三尺，忙请员外娘子入内室品茶谈经。野和尚暗地里示意手下头陀们，做好准备，将员外娘子幽禁起来。那只八哥见员外娘子随野和尚入内室，也随身飞入，只闻一阵寒暄之后，野和尚果然一变伪态，恶狠狠地命手下人将她们主仆两人缚绑起来，关到暗室中，等候夜晚再进行淫乐。那只八哥目睹这一切，却无能为力，只好赶紧寻个窗洞飞回家中报信。

再说礁美施员外家中，这位员外见妻子自早上出门，至今天色已晚，尚未归来，心中甚是焦急，突然这只见八哥鸟独自飞回，却不见夫人和女仆，非常纳闷和惊疑。他忙问八哥，但八哥鸟只是不语，一直在他肩上扒一扒而飞起，员外终于会意妻子出了事，于是赶忙带着随从，由八哥带路，就这样鸟飞而人随，朝新岩赶去。

到了新岩，施员外入内见长老，问声"请问长老，早上有一妇人同女婢前来烧香下愿，至今不见回家，是否还逗留在此"？野和尚忙推托道："今日并不见有此类妇人前来朝拜。"但在一旁的八哥鸟，却一直在员外娘子被关的石室与门槛之间飞出飞入不肯离开。施员外本身也感觉奇怪，怀疑里面必有问题。可是野和尚既然一直否认，也就无可奈何，只得暂且退出庙外，坐在屋檐下干着急。但呆在一边跳来跳去的八哥鸟就是不停地在新岩周围盘旋，至天色转暗也不肯离去。员外眼看这和尚一直矢口否认有女香客前来进香，无奈何也只好唤回八哥，摸黑赶回家里。

回到家中，员外一直对此事心急火燎，疑虑重重，茶饭不思，痛苦不已，他正在苦思冥想着解救的方法。猛然间他想起自己有一位少年时期的同窗好友白河渠，现在官居本省按察使要职，最近正巧莅巡漳州府办事查案。在此事发生之前，老友白河渠曾几次来函邀请员外拔冗到府上会唔，但员外为不打扰老友的公务，一直未曾成行。既然今日家中遭此不幸，员外也就只好打点行李上路，来漳州府找白按察使，请他帮助搭救爱妻。久别重逢，两位故友欢喜异常，一阵寒暄过后，白按察使见老友施员外愁眉不展，心事重重，便问施员外曰："施兄缘何面存愁色，嫂子怎么未曾一起来漳州见见世面？"施员外见问，再也忍不住心里的悲苦，使一五一十地向按察使倾诉妻子失踪落难的详情。这白按察听后怒道："岂有此理，我马上派公差们前往擒捕严惩！"

再说这新岩里的野和尚们一向为非作歹，当然民愤极大。而这些歹僧徒们平时为了对付民众的抗争，已经练就浑身武艺，这为首的野和尚头本身，也学得一身拳脚绝技。因此白按察的公差第一次来擒捕缉拿案犯时，可惜因地形不熟，加上新岩和尚武艺高强，竟然未能成功。白按察只好向省内总督府借兵，进行第二次清剿。这次清剿的结果，新岩被官兵团团围住，野和尚们一个不漏地被官兵捕获，他们还从暗室内救出被困的年轻女子数十名，其中果然有员外娘子及女婢两人在内。官兵们于是放火焚烧新岩，押走这批歹僧。新岩也就在这一阵大火中化为灰烬。

有的人认为云霄地面上寺庙众多，云霄民众也大多乐于捐资修庙宇。不过，他们或许不知云霄人并非见神即拜，见庙便修的。而且是能较慎重地对古迹或寺庙进行分辨，认为遇"好"的则修建，逢"歹"的便遗弃。列屿新岩即属于后者。因而从此以后，这列屿新岩就一直没有人愿意去再行修建。据传还有当地的风水先生说：新岩所在地方是一个恶穴，虽然神佛灵感，但若重修，也必定会再出野和尚。当地信众既知此原因，当然不愿筹资重建此庙，去自找麻烦了。这便是几百年来当地老百姓不愿再集资重新修建，让这一片废墟丛生杂草荆棘，任其长久荒废的原因。

寻找故事传说

◎ 乌龙神出世　◎ 方群达

　　福建云霄高塘村的"翌应门"内，坐落着一处小庭院，悬镶石匾"郑氏黉庭"。这便是200多年前曾经震惊清廷，名扬世界的洪门"天地会"创立人郑开的出生之地。至今高塘村的老一辈，还说"和尚仔开"是乌龙神转世投胎入郑家的。

　　话说清朝初期，那康熙皇帝稳坐天下已四五十个年头了。这一年，天下百姓的日子虽然过得还稀里糊涂不很艰苦。可是，汉家人也要跟着满家人在脑后留着一条猪尾巴似的发辫子，难怪当时好多人越看越不顺眼。又看那满人"八旗子弟"个个锦衣玉食，游手好闲；而汉人辛苦劳作，还备受满人的欺凌与残害。所以，在众多汉族人的心里，几乎没有一个肯臣服满清的统治，以致怨声载道，怒气冲霄。这怨气把咱中国大地的上空蒙上了一层层灰暗的阴云。这股久凝不散的怨气，使中华万里江山不清不明，哪像康熙爷自称的四海升平景象？

　　有一天，九霄云外的灵霄宝殿上，玉皇上帝睁开龙眼，要察看一下东土中华古国的风光若何？可是，怎么看也看不清楚，龙心不悦。身旁的值日功曹晓得了玉皇上帝的心情，慌忙奏报，说这是中国"汉家人不服满州国的侵吞与欺凌，都怨天恨地"，还向玉帝奏道："这怨，是怨清朝天下理不清；这恨，是恨大明江山不复明"。因此成片怨忧聚集成霾，笼罩东土大地，确实难明难清。玉帝一听此言，心中好不气恼，立即降下旨意，欲将中华的天下归还给汉家人自己去治理。于是，玉皇上帝慧眼向下一阵睃巡，发现中国下南（民间对闽、粤、赣地带的惯称）的一条通海的大江中，有一条乌龙神的灵光正盛，且在仰天长叹。见此情景，玉帝便选定了这个乌龙神，意欲让其去投胎出世，负起反清复明之大任，统领中华的天下大事，而且有意赐给这个乌龙神七七四十九年的皇帝位，而后让其子孙继承。

　　此刻，正好是北斗星君侍立在玉皇殿前的金阶下。玉帝便立即降旨，着北斗星君下凡一趟，宣读诏文。这北斗星君第一次当了钦差大臣，受到玉帝的赏识，心里自然非常高兴，一接过圣旨，就马上驾起祥云，直落江南，找那乌龙神宣旨去了。

却说太白金星这老头儿，此刻正驾云至南天门外，欲上朝觐驾，却遇上北斗星君手捧圣旨匆匆而去，他心中觉得好生奇怪，不知究竟凡间又出现了什么大事？就三步并作两步走，直奔灵霄宝殿而来，向玉帝行了君臣大礼，气喘咻咻地请教玉帝，询探北斗星君奉旨去何贵干？这玉帝微笑着对太白金星言明了事由，并且征询太白星君，问眼前这位忠厚的老臣对此事看法如何？

太白金星捋了捋银须，郑重其事地回奏："启奏玉皇至尊，臣尝闻邾国后裔当年国亡家破，弃了食邑，认朱作邾。可如今那中华朱姓天下，气数该尽久矣。若不是前头日宋朝出了个朱熹朱文公的功德所荫，哪里有他朱洪武的明朝十六传帝位呢"？"再说，满州人几十年的拼拼搏搏，称霸北方，照理也应该让他们过上几年的皇帝瘾才是呀。不然，岂不使凡间的人部成了懒虫，只知吃知睡，不愿认真做事了么？"

玉帝听了这一番陈奏，觉得倒也在情在理。于是，就向太白金星说："爱卿所言极是，但旨谕既出，此事待将作何安排，较为妥当？"

太白金星俯首沉思了片刻，就趋前向玉帝出了个主意。他说："圣旨既出，不好收回。但照此行事，实属不妥。今依老臣愚见，不如委派长江黄龙神也去投胎出世。让他与那乌龙神去作一番较量竞争，看谁得道多助？胜了，就让黄龙神去继承满清人的皇位；败了，自然是乌龙神的天下了。如此安排，这两条孽龙也就各尽所能，互不相怨，天下百姓自会扶助有德之君，太平可望矣。老臣以为，这岂非两全其美之计。"玉帝闻奏，略加思索，认为这样倒也可以，反正前后两道旨意不会矛盾，并无损于天庭的尊严。主意既定，当即委派太白金星下界传旨，要那长江黄龙神也去投胎出世。

太白金星得此差事，也匆匆下界去了。

再说北斗星君按落云头，一眼看见乌龙神还在那里仰天长叹。于

寻找故事传说

是，就大声呼喊乌龙神听旨。这乌龙神一见来了天上的差官，心中未免一阵惊疑，就跪下接旨。只闻得北斗星君宣读道："昊天金阙玉皇至尊诏曰：中国皇图，不清不明；不顺天意，不合人情。为顺民心，理应调停；江山易主，天下太平。着命乌龙神到福建平和县龙头村，投胎出世，拨开云雾，重现大明。汝当不负圣意，顺应天命，时至乃登基为帝，在位七七四十九年。汝之子嗣，五世其昌，可继皇图二百二十年。钦此！"这乌龙神一接此旨，喜出望外，真是受宠若惊，连忙叩首谢恩，卷起圣旨便向北斗星君拜别，急不及待地要到平和县去也。

"且慢且慢！"只听得北斗星君一声呼唤，乌龙神只得停下脚步，回头待教。北斗星君含笑对乌龙神说："你这孽龙，偶得美差便忘乎所以。可知你今日的荣耀，乃是老夫一席话刻意保荐，玉皇大帝才肯下的圣旨？老夫的为人，你当无不知，我一向是乐于助人一助到底的。你且慢走，过来仔细听老夫密授天机，方保万无一失。"这乌龙神立刻紧挨星君，侧耳恭听，不时点头领受，感激之情尽充表里。听毕，拜谢而去了。

回头且说太白金星，也于即日到了长江口，找到黄龙神，宣读了玉帝御诏，要它速到江浙地方找一家达官贵人投胎出世，并一再叮嘱："日后阴差阳错，汝将由显宦公子之身，换得皇家储君之位，福寿双全，誉冠历代帝王也。"这黄龙神一听莫明所以。但要它去投胎当皇帝的旨意却是再清楚不过的，满心欢喜，哪管什么阴差阳错，反正有帝位可坐是上天安排，赶紧尊法旨去投胎出世便了。于是它拜谢了太白金星，便飘飘然到了浙江海宁城上空。但见一片繁华，市肆其中灯红酒绿，心中好不惬意。观来看去，差点儿耽误了太白金星指示它的投胎时辰，心中懊悔不及，怎肯就此丢失这千载难逢的良机。于是，它双眼一扫，见到一处陈姓官宦人家的后花园里，有一孕妇正在赏花，就不管三七二十一，一头栽入这妇人之身。随即，这里便有一男婴呱呱坠地。据闻，这个男婴便是日后被康熙爷的第四皇子（即后日的雍正皇帝），向陈阁老家里调了包换作太子的乾隆君哩。所以有人说，如果没有这条黄龙神做了皇四子的儿子，便没有这个皇四子的"雍正"天下。这才叫做"父以子贵"啊。至今云霄民间还有"黄龙团出世荫父荫母，乌龙神投胎累宗累族"的俗语在流传。这都是后话，暂且按下不表。

　　再说那乌龙神，但见它满心高兴，腾云驾雾，乘风势赶奔下南，找到了漳州府平和县龙头村，就按住云头，定了风势，停立于龙头村上空的云层里，寻找着该到哪一家去投胎出世？谁知这云头一停，大风一静，随即只见乌云密布，竟然形成一阵倾盆大雨，不一会儿工夫，眼看这龙头村就要被骤至的山洪淹没了。如何是好！乌龙神一时焦急异常。看不准究竟投到哪一户人家出世为好？猛然间，它想起了北斗星君密授的"天机"，立刻驾起了一阵疾风，朝西北方向迅速飞去。约过了一个时辰，它便飞到了四川青城山，眺见一座规模颇大的佛寺，座落于万壑松涛之间，意境非凡。此时的它，顾不得欣赏名山胜景，急忙按落云头，循着北斗星君事先指明的地点，在这千年古刹后面的一棵大松树下，寻找该寺的长老。

　　那位长老，俗人尊称其为圣僧。据闻能通晓过去与未来上下三千年。此时，老圣僧正端坐在寺后松树下的一块大青石上，闭目养神。这乌龙神一见，连忙跪下行礼，向圣僧说明来意。这位圣僧连眼皮也未曾抬一抬，便知来者何人。唯见他那雪髯银须间的嘴唇微动："善哉善哉！乌龙君来得正好。待老衲与你面授机宜，成全你的功德"。

x

寻找故事传说

149

好奇怪，圣僧只微动嘴唇，便声若黄钟。乌龙神顿觉如雷贯耳，刚欲向前搀扶长老，但见长老已然在石上铺开一张白纸，信手提起一支笔来，继续对乌龙神说："龙君稍息，待老衲与你画就一幅北极众星图，你须将此图随身藏好，片刻不离。日后即凭此图之灵异，聚合天下豪杰，助你一统山河，接掌朱明江山。切记切记！"

老僧边说边蘸饱浓墨，唰唰有声地挥毫落笔，瞬间画就北斗七星与北极星宿斗转枢位的示意图。且特意于星图上方，重笔画下三个黑色的圆点，便停笔凝神，掐指推算。这大概是在作审慎之检核吧。

且看此时圣僧已经画就星图，闭目入定，盘足而坐，默默地为乌龙神将继大统而详细推算着周天演化之象和解厄应变之术。孰料这乌龙神却误以为这长老在打盹歇息，出于敬老之心，他不敢搅扰圣僧养神，而是默不作声地把这幅星图藏在身上，诚恐诚惶地向圣僧叩头谢恩，辞别而去。过了片时，这老僧睁开眼睛正待再补画几笔，始见星图和乌龙神都已不在了，岂不十分惋惜，便连连摇摇头，口称"糟了糟了，这孽龙性急自误，此去不但皇帝当不成，甚至连个草头王也没有福份做了！天意逆转，如之奈何？"深深地为自己的这次失察而叹息。

此时，那位喜形于色的乌龙神早已赶回福建平和龙头村的上空，俯瞰山原村野，却已是遍地洪水滚滚横流，它正因来回走路，累得汗流夹背，一见有这茫茫大水，便一跃潜入水中，想洗一洗身上的尘埃与汗水。如此洗洗漂漂，好不爽快，尤其是美滋糍地想象着自己将要到人间高踞龙床，坐掌乾坤的情境，岂不飘飘然忘乎所以了，竟把青城山圣僧密嘱的投胎时辰也忽略了，尽情地在洪流中顺势向下漂去，一晃便过了青宁里地界，溜过福石濑，闪出双溪嘴，滑下峰头坑，倾刻漂到云霄镇城边。它抬眼一望，城阙一闪而逝，还有不少民房泡浸在洪水之中哩。

这乌龙神一见此情景，蓦然想起了入室投胎的切身大事，慌忙定住身躯，举目回顾，才发现自己已经随波逐流，漂到漳江中游河口古镇高塘湾的鲤鱼洲头。这一惊非同小可！而且预定投胎的时辰已至，刻不容缓！怎么办，返回龙头村已经来不及了。这乌龙神情急之中，一眼看到高塘城北门内的一座旧学堂"郑氏黉庭"里面，刚巧有一位孕妇临产，正在床上痛苦呻吟着哩。这天恰是满清康熙爷治下的辛卯之年八月初九日。

机不可失，时不再来！乌龙神当机立断，从鲤鱼洲一跃而起，猛撞撞地冲开城门，飞奔进入这学堂内的卧室中。孰料它匆忙之间，竟把自己的龙爪碰断了半截，钻心疼痛。可是，此时此刻岂能顾及，于是它强忍断爪疼痛，投胎出世了。"呜哇——呜哇"，一阵婴儿的哭声，从高塘村中一座由云霄郑氏第七世第五房派下骊骈公募建的"郑氏黉庭"内传出。你道此家是谁？看官且莫急，待翻开《荥阳郑氏开闽族谱》，细查"闽中石井郑氏开基高塘衍派"的宗支脉络，便可知这里正是一户姓郑的贫寒农家，户主名溪承，诨称乌面。于是这乌龙神一出世，便成了郑乌面的次子，辈份为高塘郑氏第十二世，郑乌面夫妇见今天又添了一个儿子，自然十分高兴。可是他仔细一看，这婴儿的一双小手，却只有九支又半截的手指，真是美中不足，生了个"九爪半"男婴。管他九爪十爪，是亲生的骨肉总惹人疼爱。这位老实厚道的郑乌面，抱起婴儿爱不释手，在思索着为儿子起名。他想这孩子是在洪水中出世的，就起了个乳名叫"阿洪"吧，而正名还须请族中较有文墨的人来起。

正因为这位"阿洪"来到了人间，成为一条早产的孽龙，日后才演绎出一段"五湖四海认姓洪，洪水泛滥天下茫"的悲壮历史来。据悉，读史者在阿洪出世的百余年后（清末），便开始对"天地会"史事作考证，此后又历经迩百年的探讨、争论，迄今方让学术界逐渐明确了这"阿洪"的大名叫郑开，而且半路出家当了和尚。他就是普天之下的"洪门"天地会的创立之人，法号为提喜和尚、云龙禅师，这些都是后话。欲知分晓，且待续闻也。

寻找故事传说

梁山石烛孝子心

◎ 方群达

　　云霄漳江口的浯田村，千百年来都住着姓陈、姓蔡和姓方的农家，而更古更早的时候，住着哪些族姓，已是无人知晓了。但却因有一段发生于此地的凄美神话故事，说的是此村中曾经住有一户姓龚的农民，一向与村里人和睦相处，以种田与讨海捕鱼抓蟹为生。

　　这户姓龚的农民，夫妇两个恩恩爱爱，同甘共苦，生有两个儿子，都活泼惹人爱。可是好景不长，有一年，这个姓龚的农民不幸染病身亡，抛下妻子和两个弱小的孩子。这一家人从此更加孤苦。可怜当时他的妻子肚子里已经怀有身孕，忙里忙外的，快把骨架都磨散了。

　　这一年夏天，这个苦命的寡妇临盆生产，不料却产下了一颗大红肉蛋。这粒大肉蛋在地上滚了几滚，就破裂了。只见一条草绳粗细的花蟒蛇，从裂缝中钻出，慢慢地溜到床前，向她点了点头，就蜷缩成一堆，在床下睡着了。

　　寡妇见自己生下一条蛇团，自怨命苦。她心想夫婿已亡故，自己又生下一条蛇，真是火上添油，今后孤儿寡母的日子不知该怎么过呢。想到这里，寡妇打算将这条蛇包在破衣里，拿到厝后的梁山上去放掉。可是一转念，这小生命虽然不成人形，可它总也是亡夫遗下的亲血肉啊！如果把他的亲生骨肉抛弃荒山，岂不太绝情绝义？想来想去，她决定将这条小蛇养在房内，等待这条蛇团长大了，会自己讨吃（自食其力）的时候，再决定它的出路。

　　日复一日，年复一年，好几个春夏秋冬过去了，寡妇的两个儿子也都长成年轻力壮的小后生，能帮着母亲下田地干农活，上山岗割柴草。农闲时节，兄弟俩也常跟着村里的渔民下海捕捉一些鱼虾，一家人的生活渐渐地好过起来。

　　孩子长大了，做母亲的也老了。老人家房内养着的那条蛇团，也已经长大了，蛇身粗得像水桶，长度也有一两丈呢。本来，这条蟒蛇常睡在

152

母亲的床底下，如今这么大，床下容纳不了，只好把身子放在床前，把蛇头伸出房门口，看着门外的世界，因而它也渐渐懂得了人情和世故，只可惜不会说话。

一天夜里，蟒蛇正要入睡，忽闻母亲在悲痛地哭泣。它仔细一听，心里好生奇怪，睡不着觉。正想蠕动身子出房外去看个究竟，却听到两个哥哥在你一声我一句地对着母亲很不礼貌地乱吵乱嚷。

大哥说："咱家在厝内养着一条大蛇，给乡里厝边和外乡的人都知道了，还有哪一家女子肯嫁给我做妻子。"二哥接着帮腔道："母亲呀母亲，你本来生下这条蛇，就很讨孽债。我们兄弟俩在外拖拖磨磨，勉强过日子；可是，这条蛇阿弟不但吃得比你老人家还要多，而且天天躺在家里睡懒觉。这样下去，我的确也忍受不了，还是趁早将这畜生赶了出去，免得我和哥哥打一辈子光棍，做一世人的罗汉脚"。

母亲欲言无语，只是老泪纵横，自怨命苦，悲悲切切地向两个儿子哭求，要求他们看在自己和他们的亡父两人的面份上，不要把蛇阿弟赶走。

听到这些话，看到这种情景，蛇阿弟感到非常惭愧。它想：我出世到今天，算来也有十七八年了，一不会帮助两位哥哥做工捕鱼维持家计，二不会帮助母亲料理家务，而且连累母亲遭人责怪。它愈想愈伤心，也禁不住流下泪来。蛇阿弟一边想，一边爬。爬到了厅门口，先将蛇头依偎在老母亲的怀里，揣了一揣，表示请母亲宽怀，放心让它走；接着，它又爬到两位哥哥的面前，把蛇头昂起又俯伏在地，接连三次，表示感谢哥哥喂养之恩。就这样，这条大蛇连夜出了家门，向着厝后的梁山慢慢爬去。

蛇阿弟依依不舍地爬着，可是它耳边不断传来老母的哭声，心中非常难受，将蛇头接二连三地转过来，望着生它养它的家乡浯田村，连连叹气。据说，梁山上的峰峰峦峦，到处尽是奇形怪状的石头，从山脚排到山顶，据说这都是蛇阿弟每次回首望乡，长吁短叹而吹起形成这样的。

天一亮，那蛇阿弟离家之前流下的眼泪，竟然都变成两串晶莹闪亮的上等珍珠，能值几千银钱。两位哥哥见了，瞒着老母，起了私心，争先恐后各藏了一串珍珠。

蟒蛇离家上山以后，老母亲虽然日夜思念，但是也无可奈何。不久，她的两个儿子先后都娶了媳妇成家立业，分开门户各自过日子。

这老大和老二，本来对母亲养了18年的蛇弟就积怨在心，如今都已娶了妻子，妯娌两人更是瞧不起婆婆了。她们一唱一和，"狼狈为奸"，

都对婆婆百般虐待。就这样，这位老太婆一身衣衫褴褛，每月初一到十四，无一日温饱；十六到廿九，比乞丐还可怜。尤其是每月的十五和遇到月大的三十日这两天，她老人家就只好按照惯例，躺在床上静静地挨饿。

经不起这痛苦折磨的日子，不到一年时间，这位老太婆就两眼一黑，双脚一直，到阴间找她的丈夫去了。家中的那两对不孝不仁的儿子媳妇，见老人断了气，都像心头卸掉一块大石，欢喜得合不拢嘴，哪里流得下一滴眼泪。这4个狗男女都连声说："早死早富贵！"因此，直到现在，云霄民间对死去的人，也常常唠叨这句话，意思是祷告死者一死百了，从此解脱了生存的烦恼和病痛的折磨。可是人们并不知道当初浯田村这两对没了良心的青年夫妻，说这句话的意思却是庆幸自己从此可以免掉供养老人的这份烦恼和负担呢。

再说这两对不孝的男女，为了尽快将老人的尸骸搬出厝外，不得已由两家共同凑些钱，买了一口薄棺材。他们既不烧香，也不祭拜，将老母亲草草入殓，兄弟俩就抬起棺材，准备把老母亲连夜抬到厝后山上埋掉。

夜色昏暗，海风飕飕。老大老二其实也是舍不得雇人帮忙，尤其要掩人耳目，于是兄弟俩一前一后地抬起棺材，走到半山坡，忽然狂风大作！只见海口的北歧头外，乌云铺天盖地而来。一时雷电交加，黄豆大的雨点猛砸下来，把这两个不孝子砸得寸步难行。他们急忙放下棺材，像两只落水狗一样，连滚带爬逃回浯田村家中。

其实啊，那场雷雨并不是无缘无故而下的，却是蛇阿弟向海龙王乞求而来的。原来，那条被赶走的蟒蛇，到了梁山，日夜想念着老母亲。它希望母亲从此过上幸福的晚年，更希望两位哥哥快些娶来嫂嫂侍奉老母亲，使她老人家晚年能享享清福。而蛇阿弟本身却只能自食其力，在山涧草丛中，捕捉一些小鱼虾、青蛙、蚱蜢什么的，糊里糊涂充饥过日子，夜间栖宿石洞，天一亮就出洞外，吮吸草叶和石壁上的露水。

蟒蛇毕竟适合在山间生活，它在梁山上生活了一个阶段，真正"回归于自然"，所以它的身段日渐粗壮增长，加上接受了日月的精华，很快就变成了一条富有灵性的大神蛇了。

母亲去世的那一天，神蛇正在默默地思念着母亲，忽然心血来潮，两眼定神一望，望见老母亲在家中被哥哥嫂嫂们虐待致死，又望见大哥二哥正抬着老母的棺材，上山而来。神蛇又悲痛又气恼，一时气得昏了过去，一股灵气出了窍，充满怒与恼，直奔沧茫东海，见了海龙王。它向龙王爷哭诉了自己的身世和家中发生的一切。恳切请求龙王爷赐给一次机会，让它最后一次用最大的礼节尽尽孝心。

东海龙王一听此事，龙颜大怒，当即决定严厉惩罚这两个不孝不仁的龚家兄弟。龙王转脸和颜悦色地对神蛇说："人世间难得你这样的异类，孝义之心胜过两脚人，你真能为咱们水族争了光。今待本王下旨，处死你那两个丧尽天良的坏哥哥，凌迟你那两个无道无德的歹嫂嫂。不知你意下如何？"

神蛇一听，连忙叩头谢恩，诚心诚意地对龙王说："在下叩谢大王隆恩！只是处死了哥哥嫂嫂，我们龚家不就断了香火么？从此以后，龚家的列祖列宗，就无人供奉。万望尊驾开恩，妥善处置。能让我尽点孝心就行了"。

龙王爷见神蛇如此孝义双全，大为感动！就命神蛇放心回归梁山，而龙王他自有主张。龙王爷请示玉帝诏准后，立即派了雷师、雨神，前往梁山显显神威，降下一场暴雨，吓唬那两个不孝不仁的龚家兄弟，协助神蛇了却一片孝义之心。

再说那龚家的老大老二，当夜顾不了他们母亲的棺木丢弃在半山腰被风侵雨淋，狼狈逃回家中，跌得遍体鳞伤。他们哪里知道，要不是蛇阿弟念及同胞手足之情，他们连性命都保不住呢。据说，这兄弟俩，直至多年以后，始知此中缘由，羞愧难当，终于与妻子痛悔当初不孝不义之言行，决心改恶从善，于是他们迁居到别处，从此做起了好人。

回头再说那神蛇的灵魂从东海龙王那里归回梁山，它连忙蠕动巨大的身躯，向山下爬去，它当时真想帮助两位哥哥抬运老母的棺木。于是，风雨中它左转右转，爬到浯田村西北面三四里的半山坡，还是没有遇到哥哥。抬头一看，原来它眼前正好停放着一口新棺木，还捆着麻绳和竹扛呢。它立刻明白棺木中躺着的就是自己日夜思念的老母亲，一时悲痛的泪水伴随着雨水，将梁山的山坡冲成一条条大小山沟。

凄风加苦雨使神蛇的心伤透了。它决心亲自把老母的棺木运上梁山，找个最好的地穴安葬。它用蛇尾巴把棺木卷起，用尽全身力气，慢慢地向山上拖。拖啊，拖啊，棺材随着它艰难地爬行，慢慢地向山上移动。可惜山路坎坷不平，到处有乱石挡道，神蛇干脆把棺木紧紧

寻找故事传说

卷住，将蛇身一甩一甩的，拼得筋疲力尽，总算把棺木一步一步地又移动了两里多路。神蛇停下来喘气休息，转头却看到那棺木竖立在身边。原来，它最后一甩，用尽了力气，无意中把棺木甩成了竖势，直立在山坡上。神蛇想再卷动，但全身的力量都用完了，只好守在棺木旁边闭目养神一时半刻。

当神蛇睁眼醒来的时候，那原来竖立在它身边的棺木却已不见了。而是看到身边出现一支10来丈高的圆形大石笋，中间包裹着它老母的棺木，巍然屹立在眼前的风雨之中。看到这，它一下子明白这是龙王爷的恩赐，为它的老母举行了"天葬"。于是，神蛇绕着这巨大的石笋绕了2圈，点了6次头，才放心离去，归隐于山洞中。

过不几天，这石笋中心的一道裂缝中，人们又见其长出了一根青翠的藤萝，这藤蔓弯弯曲曲地长啊长，很快就伸高而露出石笋顶端，长成了一簇茂盛的藤萝叶，恰似一团燃烧的火焰。从此，人们都把这支石笋叫做"石烛"，把那棵藤萝称为"孝子心"，直到如今仍挺立在那里。神蛇葬母的故事也就世代相传，感化着世间的人们要孝敬父母，尊重老人，友爱兄弟，关照大众，以其孝慈友善的故事，勉励着当地社会风气的永远和谐、淳良。

重读古典诗文

云霄地处东海之滨的福建省东南部，紧邻闽粤之交，依山面海，气候温暖，四季如春。东晋时是绥安县的治所，唐初则为开漳圣王陈元光将军始建漳州所在地。漳江纵贯全境，东流入海，是漳州名称之所由来。境内奇峰异石千姿百态，南亚热带海底森林风光旖丽；开漳史迹遍布全境，影响及于海内外。六朝以来，文人墨客以及当政者，为其写下了许多情景交融的美丽诗篇。

唐府兵自中原南下入闽路线图

1. 虚线示陈政、陈元光、魏妈率军入闽路线图。
2. 地名下划线者为陈政、陈元光屯地和征守地。

漳州新城秋宴 ◎ [唐] 陈元光

地险行台壮，天清景幕新。鸿飞青嶂杳，鹭点碧波真。风肃天如水，
霜高月散银。婵娟争泼眼，廉洁正成邻。东涌沧溟玉，西呈翠巘珍。
画船拖素练，朱榭映红云。琥珀杯方酌，鲛绡席未尘。秦箫吹引凤，
邹律奏生春。缥缈纤歌遏，婆娑妙舞神。会知冥漠处，百怪恼精魂。

◎ 归闲二十韵 ◎ [唐] 丁儒

漳北遥开郡，泉南久罢屯。归寻初旅寓，喜作旧乡邻。好鸟鸣檐竹，
村黎爱幕臣。土音今听惯，民俗始知淳。烽火无传警，江山已净尘。
天开一岁暖，花发四时春。杂卉三冬绿，嘉禾两度新。俚歌声靡曼，
秫酒味温醇。锦苑来丹荔，清波出素鳞。芭蕉金剖润，龙眼玉生津。
蜜取花间液，柑藏树上珍。醉宜藷蔗沥，睡稳木棉温。茉莉香篱落，
榕阴浃里闾。雪霜偏僻地，风景独推闽。辞国来诸属，于兹缔六亲。
追随情语好，问馈岁时频。相访朝和夕，浑忘越与秦。功成在炎域，
事定有闲身。词赋聊酬和，才名任隐沦。呼童多种植，长是此方人。

◎ 试 剑 石 ◎ [宋] 陈景肃

将军大宝剑，磨久苍崖斑。
一日试利刃，断石倚两山。
倒枕泉水碧，生光斗牛丹。
至今胡虏过，目顾骨先寒。

重读古典诗文

◎威惠庙 ◎[宋]吕琦

当年平寇立殊勋，时不旌贤事弗闻。
唐史无人修列传，漳江有庙祀将军。
乱萤夜杂阴兵火，杀气朝参古径云。
灵贶赛祈多响应，居民行客日云云。

◎唐将军庙 ◎ [明] 林偕春

将军遗像肃炎方，奕奕威名起盛唐。
万里版图皆草昧，千秋祠庙齐辉光。
云留断碣悲终古，风振长旌福在漳。
野老只今供岁事，犹云流泽海天长。

◎ 晋亭峰远眺 ◎ [清] 陈梦林

曳屐游梁山，群峰纷可悦。谁实据其巅，晋亭独截嵲。青莲飞碧空，
苍翠补天缺。振衣一长啸，翛然心眼别。大地若为宽，万物恣融结。
沧海衣带间，远岫儿孙列。目纵神与俱，喜此无羁绁。仙翁骑鹤来，
羽衣白如雪。贻我昔时丹，指我石髓列。愿言从之游，风流永不竭。

◎ 舟出南溟至云霄镇 ◎ [清] 袁田

晓发南溟去，云霄烟雨重。

舟行方几里，路转已千峰。

怪石蹲危兕，飞涛起蛰龙。

鸿蒙流不尽，百丈濯芙蓉。

◎ 西林城怀古 ◎ [清] 林镇荆

雉堞迷榕荫，鸠工肇李唐。
人家通一水，估舶集千樯。
丝竹庐山洞，糇粮洛口仓。
尚书门第旧，凭吊话沧桑。

◎ 游云霄南山寺

◎ [清] 黄道炯

晓傍秋阴兴爽然，南山寺里听流泉。
千家烟火云霄外，万井桑麻竹塔前。
玉女峰纤霞作锦，仙人山渺水为天。
渔舟薄暮兼葭渡，长短歌声入树巅。

欣赏云霄新姿

登高眺望千年开漳圣地云霄，到处是一派欣欣向荣的新景象。山野遍种黄金果，海山鱼贝谱传奇；岁月如歌描画幅，工业立县展宏图。今天，日新月异的云霄正以它挺拔的英姿和矫健的步伐，意气风发地迈入新世纪文明城市的行列。

云宵县工业、交通、港口示意图

云宵县行政区划图

开漳圣地展新姿

◎ 常思照

　　朋友,你到过山水秀美、特产丰饶的云霄吗?你到过环境优雅、引人入胜的云霄吗?如果没有,请听我向你一一述说它俏丽多姿的新风貌吧!在福建东南沿海,有一个现代化的新兴城市正在迅速崛起,这就是1998年被国务院批准为沿海经济开放县——云霄县。这里气候宜人、土地肥沃、花卉佳果,四季飘香。早在旧石器时代,先民们就在这块土地上繁衍生息,辛勤耕作。1300多年前,陈政、陈元光父子率领一大批中原部将开赴闽南,与当地土著人一道披荆斩棘,发展生产,兴办教育,促进社会文明进步。686年,陈元光将军上奏朝廷,获准在云霄境内设立漳州府,从此,云霄县就以"开漳圣地"名扬四方。

　　近年来,云霄县委县政府领导十分重视县城的文明建设,并把创建优美、舒适、文明县城作为奋斗目标。经过全县干部群众的共同努力,县城规划建设不断完善,基础设施建设逐渐配套,市政功能不断强化,新区建设实现了路、水、电、供气、卫生、广播电视配套齐全。美化、绿化水平不断提高,县城绿化覆盖率达到32%。　去年,云霄县委、县政府围绕建设生态工贸港口强县目标,立足县情,审时度势,提出建设云霄港区、云霄疏港公路、将军大道及坂云线入闽通道,并配套建设沪深高速铁路及东山支线、云霄至武平高速公路,形成"一港四路"的大交通格局!这一高瞻远瞩的战略构想的付诸实施,无疑将使云霄一跃成为国道、高速公路、高速铁路、港口相辅相成、四通八达的漳州南部水陆交通枢纽。一个对外开放、经济活跃的漳州南部沿海经济城市将成为举世瞩目的焦点……

　　目前,云霄县城建成区面积由1999年的2.3平方公里,扩大到10平方公里,再造了4个云霄城。县城道路总长109.4公里,基本形成三横三纵的道路框架。建成汀洋区、高洋区、宝城区、绥阳区等新型商贸居住小区,使县城整体面貌大为改观。随着县城的经济建设,交通秩序、

欣赏云霄新姿

173

环境卫生、稳步走上健康发展轨道，群众的文明素质不断提高，街容街貌焕然一新，云霄变大、变净、变漂亮了，云霄这座千年古城再次展现光彩照人的风姿。

在云霄县境内，有一条河流叫漳江，它依偎着县城向东缓缓流入大海，就是这条美丽清澈的河流生生不息地养育着四十多万勤劳、勇敢的云霄人民。

距离漳江上游不远的山区，有一个叫下城的小村庄，以前人均收入不上千元，现在全部过上小康生活。下城村是南方典型的水果专业村，该村总农户213户，人口911人，家家户户从事水果种植，全村种植水果3000多亩。改革开放初期，下城村种植的水果虽然不少，但由于品种老化，产量不高，效益很差。90年代中后期引进高优品种"早钟六号"枇杷以后，连续几年枇杷产量才获得大面积的丰收。早在几年前，

具有生意头脑的下城村村民把光泽华美、鲜嫩甜脆的"早钟六号"枇杷打入汕头、香港等市场，深受顾客的青睐和喜爱。现在全村百分之九十的枇杷都外销。枇杷采摘的旺季，尤其是最高峰的15天中，每天晚上平均有7、8部东风牌汽车把枇杷运往汕头、潮州等地销售。3月份的汕头水果市场，在那里摆摊设点卖枇杷的十人当中有八人是卜城村村民。

1999年以来，下城这个小山村的枇杷产量都在600吨以上。十年来，全村仅枇杷一项总收入达上千万元。村民人均纯收入从1500元增加到4000元。百分之九十以上的农户都建造或翻盖了新房，电视机的普及率百分之百，平均每户拥有一部电话，百分之九十的青年人购置了摩托车和手机。社会秩序稳定和谐，村民安居乐业，用路不拾遗，夜不闭户来形容毫不夸张。

在家庭文化建设中，县委宣传部门把家庭美德建设放在首位，以

开展"文明家庭"、"文化之家"、"文化中心户"评选活动为契机，给每个家庭注入尊老爱幼、夫妻和睦、相夫教子等传统文化内涵。每年定期举办"家家乐"家庭文艺晚会、"幸福杯"家庭乒乓球赛、"合家欢"家庭书画展等一系列以家庭为单位的文化活动，融思想道德建设于文化建设之中，寓政治教育于生动活泼的文体活动之中。通过这些活动，增进了彼此之间的沟通和交流，使大家进一步体会到家庭的温馨和幸福，享受到家庭的天伦之乐。

目前全县有1000多个家庭购置了乒乓球桌，600多个家庭拥有钢琴，家庭藏书量上千本以上达380户，还有为数不少的家庭加入文学创作，写字作画，业余集邮、种花栽树、体育健身，艺术品收藏等行列。全县城乡出现了"收起酒柜，换上书橱"，"退出赌场，走上球场"，"拆掉庙宇，资助学堂"的新风尚。

昔日的人家村是列屿镇最穷的一个村庄，现在总体生活水平却不亚于经济发达地区的居民户。20世纪90年代初期，人家村村民在养殖专业户李漳山的带领下，以养殖巴非蛤起家，逐步把市场延伸到广东、广西、海南等南方五个省区。养殖面积从当初的50亩拓展到10多万亩的规模，他们在不断扩大养殖面积的同时，着手做好产品的加工和销售，形成养殖加工、销售一条龙。当年，李漳山和他的伙伴从一条价值5000元的木船起家，发展到拥有几十艘大马力价值几千万的捕捞船队。目前，他们公司捕捞养殖的巴非蛤约占广州市场70%的销售份额。每年至

少有7000吨以上的海产品远销广东、广西、海南、台湾等地。据估计，李漳山为首的产供销联合公司可以解决1800人的就业机会，年创利润3000多万元，年创产值上亿元。

我们欣喜地看到，在李漳山的带领下，全镇6个沿海村的滩涂养殖业迅速发展起来，不过收益最多最快的还是人家村村民，十几年前，该村人均收入仅有1800元，现在已超过5000元，成为名副其实的小康村。人家村主任林跃钦坦诚地透露：当初，跟随李漳山出来闯天下的产供销联合体的员工，涌现出二十几位百万富翁，七八位千万富翁，银行存款在几十万元以上的至少有200多人。

在人家村一幢幢造型别致、壮观气派的楼房前，许多留连忘返的客人都感慨地说，真是令人难以想象的奇迹，曾几何时，这个昔日以贫瘠落后著称的村庄，谱写出如此辉煌灿烂的篇章。

登大臣山

[清]吴 璐
度岭穿云入翠微，
遥看落叶向东飞。
临风独爱溪山古，
结伴空嗟猿鹤稀。
草树催人伤岁晚，
繁箱侵袭凛寒威。
狂游不索茱萸佩，
野性从来与众违。

欣赏云霄新姿

177

◎ 漳江边抒怀 ◎唐镇河

　　蓝天、白云、旭日，公园、鸽子、鲜花。

　　漫步杨柳摇曳的江畔，一个春风和煦的早晨，映入眼帘的是一座现代化气息浓厚的美丽城市；排列有序的楼房，宽敞洁净的街道，笑靥相迎的行人，指挥车辆的交警，演奏着一曲曲和谐美妙的乐章……五彩缤纷的气球冉冉升腾，欢畅悠扬的歌声耳边荡漾。可爱的故乡——云霄，犹如一颗绚丽璀璨的明珠，镶嵌在八闽大地的东南。特别是在新一轮改革创业的热潮中。这一座举世闻名、人才辈出的千年古城，这一块古老而又神奇的土地，再一次焕发出风采。

　　身边清粼粼的漳江水，依旧静静地流呵，静静地流，它仿佛轻轻地吟哦，又好像默默地思索。告诉我，阅尽沧桑的母亲河，那一幅幅恢弘壮丽的画卷，是怎样淋漓尽致地体现描绘者高瞻远瞩的气魄。多少个丹心耿耿的不眠之夜，肩负四十万云霄人民重托的决策者，为了论证每一个可行性方案，不知熬断几根早熟的鬓发，为了家家户户迈向小康生活。他们对每一个科研项目都要反复探讨、仔细斟酌。

　　在泯蚶幼苗示范养殖场，在大田稚贝放养实验地，在红鲤对虾活蹦乱跳的东方埭，哪里都倾注他们滚烫的心血和汗水。在云陵工业开发区、经堂口商贸广场，在世纪阳光部落、大众纺织城，在万伏电力配送中心、自来水扩容基地，处处都留下他们风尘仆仆的身影和脚印。

　　当巍峨壮观的教学楼一座座拔地而起，当庄严雄伟的迎宾门华表高高耸立，当云陵镇辖区一排排崭新的居民房彻底竣工，当将军山公园的辛勤劳动展示完美杰作，当高科技含量的节能光电企业一家家欣然落户云城，当"一港四路"的宏伟计划有条不紊地付诸实施——我不禁浮想联翩，思绪沸腾。

　　故乡啊，面对你翻天覆地的可喜变化，我真的想唱一支歌，以我坦诚纯真的赤子心声，唱一支婉转深情的歌，唱一支嘹亮激昂的歌。唱忙碌辛苦创造者的工作，唱安康舒适普通人的生活—童真的憧憬，青春的期盼，周末的野餐，天伦的快乐，以及将军大道彻夜不眠的灯光，还有七星小区眼花缭乱的夜色……

又是一个晴朗的早晨，柔缓流动的漳江水就像明镜般闪亮清澈，我看到江边牵着孩童悠然徜徉的少妇，我看到离休老干部灵活矫健的身姿，我看到晨读勤奋真纯可掬的学生，我看到京剧团的年轻演员在排练着高雅曼妙的节目，我看到飒爽英姿的支农三下乡小分队整装待发，我看到精神文明之花在城镇村庄闪耀绚丽的光泽……

当绯红的太阳从将军山依依不舍地隐落，呼啸奔驰的车流已经渐次停歇，五彩斑斓的气球伴随白鸽轻盈飘飞过头顶，人民公园的相思树下散漫着一对对心情舒畅的少男少女，蘑菇群般的冷饮摊热情招徕南来北往的游人，我看见生活的美酒在晶莹透亮的玻璃杯中闪烁……

在昔日贫困的龙镜村，我兴致勃勃地参观一望无际的桂圆树，在红色的老区和平乡，我穿梭青葱滴翠的荔枝海，在先富起来的火田镇，我细细地摩挲漫山遍野的枇杷林，在阳光高照暖风轻吹的御史岭，我深情地依偎枝繁叶茂的火龙果……

是的，我们的物质生活是那么丰富和提高，同时，我们的的精神生活也是这样的健康和充实。承先启后——，我们的家乡相继涌现出为抢救溺水儿童英勇献身的人民好乡长曾潮州，模范执法时刻维护警徽尊严的城郊人民法庭，艰苦创业带领村民走上致富道路的全国劳模李漳山，几十年默默奉献、不图回报的当代"活雷锋"黄荣来……一个个亲切而又熟悉的名字，是我们故乡母亲的骄傲和自豪，也给改革开放的锦绣画卷，增添一道道鲜活亮丽的景色。

30年的风雨征程，30年的磨砺淬火，30年的探索与考验，30年的拼搏与追求，30年的光荣与梦想。对未来，始终充满信心的云霄人，对前途，保持乐观豁达的云霄人，依然是满腔澎湃的热血，依然是坚强勇敢的性格，依然是指点江山的豪迈，依然是百折不挠的脊梁，依然是凌云冲天的气魄。

未来的道路上，一定会碰到坎坷和挫折，但它肯定被我们蓬勃旺盛的激情融解；创业的征途中，也许会出现失望和彷徨，但它肯定被我们心中温暖的春风吹落。请时间老人作证吧，证明南方名城千年的向往，百年的奋斗；让历史裁判检阅吧，检阅多情的土地，俏丽的容颜，挺拔的形象，检阅优秀的闽南儿女，举世瞩目的丰硕成果，辉煌的壮歌，辉煌的壮歌！

欣赏云霄新姿

节能光电光耀海西 ◎ 林榕庆

　　入夜时分，刚刚改造完成的陈岱镇竹港村总长近4公里的环村大道和村主干道两侧，100多盏新型的LED路灯一齐绽放出柔和的光芒，把这个海边的新农村建设示范村装扮得异常的亮丽。村支书林文卿自豪地介绍说，这条LED路灯示范工程道路，是竹港村新农村建设的最大"亮"点，现在，我们竹港村也像城里一样，有了美丽的夜景了！

　　实际上，竹港村的LED路灯道路，只是云霄2009年来实施LED路灯示范工程的其中一处。截至目前，云霄已经投入资金1500万元，新建和改造完成LED路灯示范道路6条，示范工程2处，安装了LED路灯965盏。走进云霄，无论是国道324线、将军大道、云漳北路等交通主干道，还是侨兴路、云漳路中南段等城市主干线，如今，夜间照明和扮靓夜景的光源都是节能环保、引领潮流的LED灯；而在LED灯排列最密集的云霄节

能科技光电产业园、将军山公园、加油站等场所，更是到处灯火辉煌，绚丽夺目。

云霄作为规划发展中的"电光源之都"，具有很强的LED研发和生产能力。目前，全县有大晶、鑫光源、恒禧、驰名等4家生产LED新型照明产品的企业，年可提供LED新型照明产品5万盏以上，实现产值5亿元以上。云霄LED路灯示范工程所使用的产品，大部分就是这些厂家新研发生产的。

2007年，光电产业被云霄县委、县政府列为重点发展的三大产业之一，到2008年初，云霄县高站位提出了"打造中国照明行业电光源之都"的发展战略，到目前全县拥有35家节能光电企业，总投资累计达16亿元，年产值6亿元，云霄县只用了2年的时间就实现了一个新兴科技产业的崛起，以年递增300％的速度跨越式发展。2008年，云霄县节能光电科技园区先后被列为福建省省级在建重点项目、福建省循环经济示范区、福建省生产力促进中心科技创新平台和福建省光电产业园，并于2009年纳入国务院照明行业发展蓝皮书。2009年全县光电产业产值将达到15亿元以上。随着云霄节能光电产业知名度的提升，3月28日，2009年度中国照明行业电光源企业领袖高峰论坛在云霄举行。

在2006年，"节能光电"对大多数云霄人来说，还是一个陌生的名词，事实上，当时云霄没有一家光电企业。

2007年上半年，夏星公司、云星公司先后于落地投产，并都在3个月内成为规模企业。效益促成效应，当地党委、政府乘机因势利导，"星星之火"迅速形成燎原之势。 2008年，信实集团公司投资2亿元资金创办电解电容、灯管、整灯、线路板等10家上下游配套企业，同时，在节能光电产业园区内征用300多亩土地打造节能光电科技园。大晶公司正在与晶景等三家公司洽谈，准备成立集线路板、灯管、发光二极管等LED生产一体化的集团公司。奕全电子公司为大晶、东林公司等多家光电企业生产线路板，云星公司为奕全公司等多家企业提供电解电容，年产2000万支灯管的三兴公司向三泰、东林等公司提供灯管……现在，整个产业已然形成集电解电容、灯管、线路板、荧光粉、组装整

欣赏云霄新姿

灯、销售等光电生产环节互相配套、互相支撑，有完整产业链条的产业集群。

奕全公司曾是光电加工公司，起初企业效益并不明显。在当地政府鼓励自主研发的政策引导扶持下，该公司调整产品结构，从厦门火炬园引进高级人才和先进生产线，成功研发出各种印制线路板产品，成为云霄县首家拥有自主研发能力且通过ISO9000、ISO14000质量认证和美国UL资格认证的光电企业。在国内众多线路板企业纷纷停产的时下，奕全公司却赚了个盆满钵满，最近又忙着增资扩产，今年线路板产量有望增至25万平方米，产值突破1亿元。

这样的例子在大晶、东林等企业比比皆是，自主研发让光电企业焕发活力，多家企业拥有自己的专利产品和品牌，其中大晶等5家光电企业成为省市级高新技术企业。在自己研发中尝到甜头的众多光电企业纷纷注册商标，亮出自己的牌子。信实集团商标"信实"牌正在申请国家级认证。大晶公司成功研发"发光二极管照明灯"和"照明杀虫兼用的路灯"等国家专利产品，打造"大晶"品牌，产品被广泛运用于县内外加油站、国道、县道等区域。不久前，该公司自发研发的LED照明灯还顺利通过检测认证，被列为福建省优先采购节能（节水）产品。东林公司拥有"萤火虫"、"东林"、"FIREFLY"等专利技术品牌，正依托下河节能光电园区致力于打造一个集产品研发、原材料物流、市场销售一体化的节能产品生产基地。

现在，又有10多家光电项目正在投建，另有10多个项目正在洽谈中。总投资1.5亿元的鑫光源和获得出口欧盟的免检认证的投资1.2亿港元节能光电科技园区项目，目前正准备落户。通过市场运作筹集30亿元资金规划建设的节能光电科技产业园区及下河、山美等配套园区，为光电新兴产业集群的发展提供了良好的环境条件和浓厚的产业氛围。云霄县委书记黄舜斌介绍说，打造"电光源之都"，具体来讲就是要着力建立"一个基地、六大中心"。"一个基地"就是建设全国重要的节能产品以及元器

游云霄南山寺

[清]黄道炯
晓傍秋阴兴爽然，
南山寺里听流泉。
千家烟火云霄外，
万井桑麻竹塔前，
玉女峰纤霞作锦，
仙人山渺水为天。
渔舟薄暮兼葭渡，
长短歌声入树巅。

件生产基地，"六大中心"就是成为全国乃至全球光电产品以及元器件的集散中心、展示中心、研发中心、检测中心、培训中心和信息发布中心，使云霄拥有节能光电产业的名企、名牌、名园、名标（技术标准）、名人、名院（研究院），最终打造出地域品牌，成为世界知名的节能光电名县。

云霄，迈向中国知名"电光源之都"的脚步铿锵有力，云霄制造和云霄创造的光电产品已经点亮海西，更会走出国门，照亮世界！

欣赏云霄新姿

◎ 旧"烟"换新"贸"   ◎ 方智勇 林圳勇

　　我的家乡，她有一个好听的名字叫"云霄"。云霄，是"开漳圣地"、闽南革命根据地、"天地会"创立地和秋瑾出生地。她又是漳州南部最重要的海陆交通枢纽，位于"闽南金三角"南端，介于厦门、汕头两个经济特区之间，区位优势十分明显，是国务院首批批准的沿海开放县。她自然资源丰富，土地肥沃，盛产荔枝、龙眼、枇杷、香蕉、菠萝、杨桃等名优水果以及泥蚶、巴非蛤等特色水产品。但是，就是这样一个美丽富饶的地方，自上世纪末以来，"假烟"却一度成为她的代名词。

　　谈起云霄的制烟历史，不少上年纪的云霄人都如数家珍。据史书记载，云霄是中国最早种植烟叶的地方，早在清朝年间就有数十家烟行。解放前，云霄是福建主要的卷烟产地，到上个世纪六七十年代，手工卷烟作坊几乎遍及云霄全县，并创办了国营云霄卷烟厂，所生产的"玉兰"、"金三角"等品牌香烟远近闻名。

　　上世纪90年代，由于全国市场上的玉溪、红塔山、阿诗玛等香烟供不应求，云霄一些胆大的家庭作坊开始仿制这些名牌香烟，且不再满足于在当地集市销售而运往外地。受造假暴利的驱使，制售假烟迅速在云霄蔓延开来，规模越来越大，逐渐由家庭作坊向现代机械批量制造发展，并形成制造、运输、销售一条龙。

　　由于云霄假烟的仿真程度高、口碑很"好"，使得"云霄假烟"在全国出了名。有人戏称："'云霄假烟'是漳州在全国知名度最高的'驰名商标'。"全国各地的烟贩常年云集云霄，交易情景十分火爆，由此带来云霄经济的虚假"繁荣"。在1993—1998年假烟制售鼎盛时期，小小的云霄县城就拥有旅馆100余家，同时兴起的还有十几家大型夜总会。

　　更致命的是，假烟制造业凭借不正当的暴利，以价格优势与其他

从事正当经营的国有企业、集体企业、外资企业等争夺劳动力、资金和土地，导致这些企业的正常生产经营被打乱，曾是云霄经济支柱的罐头、糖果、彩印等产业严重萎缩，企业纷纷倒闭，设备、技术和人才大量外流，经济发展严重滑坡。"假烟经济"给云霄蒙上了一层阴影。

不仅如此，造假还严重败坏了云霄的声誉和形象。外地人一提起"云霄"，就马上联想到"假烟"，这让许多外出求学、工作的云霄人心里很不是滋味。而当云霄人向外地企业伸出"橄榄枝"时，外地企业却因其造假"大名"不敢前来投资，这让云霄的工业发展雪上加霜。

正所谓"无工不富，无农不稳，无商不活"，假烟被遏制的云霄面临着农业停滞、工商业萧条、产业空白等一系列严峻问题。用什么来填补"假烟经济"后留下的产业空白呢？这是当时云霄人普遍关心的一个问题。

"只有强化工业立县意识，实施经济结构战略性调整，努力实现从农业型经济向工业型经济的转变，培育能体现县域经济活力和竞争力的特色经济，云霄才能跟上时代步伐，制假活动才能彻底根治。"2001年，在基本遏制住造假现象后，新一届的云霄县领导班子提出了"工业立县"的发展思路。

然而，因造假影响，云霄的工业比周边落后，加上资金、劳动力未跟上，县域经济的发展要一下跟上发达地区是不可能的。

"云霄民间资金经过常年积累甚为雄厚，工业经济能否发展，关键看民间投资能否激活。"时任云霄县人民政府县长的黄舜斌如是说。

为激活民间投资、吸引外流的民间资本回归，云霄县委、县政府出台了一系列招商引资措施，制定了激活民间资金加快工业发展的若干规定。在这些优惠政策助推下，不少当地经济能人加入到"民资回归"工程，投资兴办了金山酒业、燕顶茶叶、奕全电子等一大批企业。与此同时，一批在外经商的云霄籍企业家也纷纷回乡创业。目前，已经有12亿元的民间资金"名花有主"，对接了节能光电、机械制造等项目60多个。

"近年来，在云霄听到最多的就是'工业立县'、招商引资、办工业之类的声音了。"在云霄的街头巷尾常能听到这样的"声音"。

如今，云霄一天一个样，交通发达，经济腾飞。她搭上了飞驰电掣的经济快车，紧密融入东南沿海3小时经济圈，变成联系中国经济增长最具活力的两大三角洲的一座桥梁和重要节点。厦深铁路、坂云线、疏港公路、将军大道以及开发建设中的漳州港云霄港区，合称"一港四路"，使云霄紧扣海西发展脉搏，联动世界。一个总投资5亿元人民币的省级重点建设项目——金汤湾海水温泉度假酒店在陈岱落户；一个五星级酒店项目——漳州云顶温泉大酒店已建成投入使用；一个计划投资1000亿元的国电漳州核电项目在列屿选址筹建；一个拥有36家节能光电企业、规划建设面积3400亩、总投资规模达到30亿元的节能光电产业科技园正在有条不紊地发展……一个个重大临港工业项目的落户，节能光电、机械制造（数控机床）、船舶修造为主导产业的工业产业体系的逐步形成，奏响了云霄生态工贸港口强县建设的华彩乐章，将使云霄的经济建设更加辉煌。

"雄关漫道真如铁，而今迈步从头越。"昔日的"假烟王国"正以崭新的面貌呈现在世人的面前，一个生态工贸港口强县正在海峡西岸崛起！

人家村的海上传奇 ◎ 林榕庆

　　元宵节刚过，云霄县列屿镇人家村的汤典盛家里洋溢着比往年更加喜庆的气氛，他和他的"伙计们"新购置的2艘总价值560万元的大铁船前几天在北部湾扬帆出海，成为他们村捕捞队中最棒的一对船只。

　　这位自称直到40多岁才第一次自己使用梳子梳头的57岁老农民，现在住的是洋气的别墅，家里使用豪华红木家俱和大屏幕液晶电视等各式高档家电一应俱全。村里的捕捞船队中，自己占大股的就有四艘，最近刚开网的这两艘还是"船魁"，算不上是千万富翁吧，总资产也得有大好几百万。而在20年前，老实巴交的老汤和村里的大部分人一样，一直以"讨小海"为生，兄弟姐妹和父母一家7口人挤在几间破土房里，生活困难。38岁那年，村里开始搞巴非蛤养殖，他也跟着"下海"，与人股份合作买了一艘小木船，在内海捕捞巴非蛤。随着村里的养殖企业进军广东、广西等地，老汤的捕捞船也变得越来越大，开得越来越远，单船也变成了船队，当初一起"讨小海"的伙伴一个个成了股份合作的"伙计"，在一条船上共同致富。如今，像老汤他们这样以股份制形式发展起来的农户，占人家村总户数的85%以上，有的包海搞养殖，有的买船搞捕捞，还有的投资办企业。全村放养巴非蛤面积达10万多亩，两支船队拥有大小船只共60多艘，其中20艘200吨以上的大铁船均从事远洋捕捞，航迹遍布越南、菲律宾一带公海洋面，人家村成为云霄唯一拥有远洋捕捞船队的村。

欣赏云霄新姿

　　人家村的崛起靠的是两大法宝："带头人"先富带后富和股份合作的多元发展。1987年，李漳山和林镇生兄弟试养巴非蛤成功，第二年放养50多亩收入2万多元，当即成为列屿镇的首富。1990年，他们扩充股份在本村海域承包滩涂300多亩放养巴非蛤，当年创收100多万元。有了充足的创业资本和丰富的养殖经验，李漳山和林镇生开始把目光瞄向外地。从1994年起，在兄弟俩的带领下，人家村的股份制巴非蛤养殖的基地延伸到惠州、珠海、南海和北海等地，横跨福建、广东、海南、广西四省，同时形成捕养并举，产、供、销及加工一条龙产业化发展，产品销往全国各地，仅在广州市一天就可销售15万公斤。整个养殖业年可创产值8000多万元，为全村创收2000多万元。

　　在养殖业的带动下，村里的捕捞业也快速发展起来。像汤典盛这样的"伙计"们在1992年就能购置三、四十万的大木船了。村里的每一只船都是以股份制的形式置办起来的，村民们3万、2万都可以入股成为股东，收益按比例随时分红，人家村从此富得让人羡慕不已。但是，李漳山和林镇生兄弟想，"鸡蛋不能都放在一个篮子里"，村里的捕捞业依托于养殖业，要是有一天养殖业出了问题，全村人的生计也就成问题了，一定要发展多种经营，寻找另外的财源。多年的海上闯荡，

使兄弟俩看到捕捞业的广阔前景，他们和"伙计"们一合计，决定整合现有的资源，进军远洋捕捞业。2006年，林镇生在海南文昌创建"东南海水产有限公司"，让村里原来的每一条船出一股，筹资500多万元订造了村里的第一对大铁壳船，开始了人家村远洋捕捞业。通过几年的滚动发展，公司现有大小船只总价值超过5000万元，年产值4000多万元，每年可为全村带来1000万元以上的稳定收入。此外，在李漳山和林镇生的带领下，同样以股份制的形式，村里还办起了鲍

鱼养殖场、虾池和网具生产厂。多种经营、多元发展使全村致富的道路越走越宽，同时，产业的发展为整个列屿镇的村民们提供5000多个就业机会，人家村全村所有的劳动力100％就业，在公司和工厂上班的村民还能像城里人一样每个月领上2000元左右的固定工资呢！

生活的富裕夯实了人家村新农村建设的基础。早在1998年，人家村就是远近闻名的"别墅新村"了，全村285户有80％住上新房，其中多数是别墅。从1994年第一栋小洋楼到建成"别墅新村"，人家村只用了四年的时间，这当中，有产业发展带来巨大经济效益的推动，更是人家村人勤劳纯朴的美德使然。村党支部书记林耀钦告诉我们：在村里几大产业同时扩张的过程中，全村累计向农村信用社贷款1000多万元，正是因为人家村人守法讲信用，被评为"信用村"，再加上敢闯敢拼、勤俭持家，才造就了今天的人家村。"当然，这一切都要归功于党和政府的富民政策，免征特产税、信用贷款、柴油补贴、农路建设补助、鼓励发展非公企业发展等一揽子惠农政策，才是人家村幸福生活的真正源泉！"林耀钦说。

如今，住进别墅的人家村人比以往任何时候都重视基层党的建设。除村党支部外，他们还在村外出党员相对集中的广西北海设立全县第一个流动党员党支部，在漳发网具织造有限公司成立全镇第一个非公企业党支部。三个党支部带领广大党员同志在"三个文明"建设中奋勇争先，并在流动人口计生、教育、社会保障等方面工作中发挥了积极的作用，生活富裕的人家村成为"农村优秀基层党组织"、"精神文明村"的典型，他们的带头人李漳山还在2005年被评选为全国劳模。

欣赏云霄新姿

◎ 山海温泉千年古郡
开漳圣地两岸情缘

◎ 雷光美 谢贤伟

一个崛起的旅游强县

集山海之灵气，越天下之秀色。千年古郡云霄，一个文化积淀深厚、现代气息浓郁的沿海旅游胜地。这里旅游资源丰富，而且品位高、种类全、特色浓、优势强。全县现有1处国家级自然保护区，4处省级文物保护单位，54处县级以上文化保护单位，并有众多庙宇、碑亭、寺院等，自然景观与人文景观交相辉映。云霄县充分发挥特色优势，形成朝圣文化游、湿地生态游、乌山红色游三条精品旅游线路；咸淡水温泉相得益彰，进一步擦亮了温泉休闲游的名片。

云霄地处福建东南沿海，与台湾隔海峡相望，北连厦门、南接汕头，国道324线、沈海高速公路贯穿全境，历为闽粤往来必经之地。随着厦深铁路开工建设，云霄区位优势将更加凸显。其次，云霄属南亚热带海洋性季风气候，冬无严寒、夏无酷暑，四季出游皆舒适宜人。随着县内景点知名度不断提高，旅游设施也不断完善，周边县市，尤其是潮汕地区的游客正源源不断涌向云霄，一个日益扩大的客源市场规模，成为云霄旅游发展的动力所在。

为把旅游产业做大做强，近年来，云霄突出规划意识、精品意识，加快旅游品牌打造和配套设施建设。在旅游规划中，云霄抓住开漳文化的深厚底蕴，开发1300多年的历史文化资源。同时，投入近8亿元巨资，主打"山海温泉"特色，加大对淡水、海水温泉等资源的开发利用，将参观旅游和休闲养生紧密结合起来，提升旅游内涵。

合理规划，精品项目带动云霄旅游产业崛起。将军山公园是以展示开漳文化为主题的景区，集观光旅游、寻根朝圣为一体，目前正在创建AAAA级旅游景区。金汤湾海水温泉度假区有独特的海水温泉资源，云霄又努力将其开发成休闲度假旅游的精品，打造成国际休闲度假、健康养生旅游目的地。云霄还着力整合威惠庙、云山书院、秋瑾出生

地等知名度高的人文旅游资源，发挥其海内外的影响力，打造成重要的文化旅游产品。

优化配套，中高档旅游酒店在云霄如雨后春笋般涌现。全县积极发展餐饮、娱乐等现代服务业，建立吃、住、行、游、购、娱等一条龙的旅游购物服务体系。今年，云霄还将争取云顶温泉大酒店申报为五星级旅游酒店，陈政陵园、威惠庙、云山书院申报为国家级文物保护单位，提升城市旅游功能。一个新兴的旅游强县正在海峡西岸崛起。

两种神奇的天然温泉

"春寒赐浴华清池，温泉水滑洗凝脂。"云霄温泉多、流量大、水温高、水质好，具有医疗、养生等多种功效。其中，尤以将军山淡水温泉和金汤湾海水温泉最为神奇独特。

云顶温泉大酒店，坐落于将军山公园旁，去年3月28日开业。酒店占地面积50亩，总投资2900万美元，是一家按五星级标准设计配套建设的高档休闲度假酒店，将军山淡水温泉即可在此体验享受。云顶温泉大酒店拥有150间豪华温泉套房和两套总统套房，提供出水温度65℃纯

天然碳酸温泉，对滋养肌肤和理疗有非常好的效果。酒店户外还有面积6000多平方米的温泉SPA水疗区，可容纳1000人同时使用，并有游泳池、维琪淋浴、气泡坐浴、雨淋浴、冰水池、热水池、五味池、儿童戏水池等各式各样的水疗娱乐项目，功能全面，设计流畅。在将军山公园湖光山色的掩映之中，格调高雅的酒店犹如天上人间，令人心驰神往。

金汤湾海水温泉位于陈岱镇院前村南侧，依山傍海，交通便利。此处海水温泉是云霄最具特色的地热资源，也是全国罕见的富含多种有益人体微量元素的咸水温泉。温泉温度68℃，日出水量1249立方米，是全国矿化度最高的具有保健理疗作用的温泉，也是世界上少有的有价值的咸性医疗矿泉水，以"人间瑶池"著称。洗后普遍感觉轻松，特别是对皮肤病、老人关节炎和骨头疏松等均有明显疗效。

金汤湾海水温泉度假区总体规划开发面积2000亩，整体计划投资总额5亿人民币以上。其中首期建设项目包括天然融合式SPA功能温泉中心、分时度假酒店、海上游艇活动区、量贩式海鲜一条街活动区、生态观光果园区、对台贸易集散区、休闲娱乐区等等。今年，金汤湾计

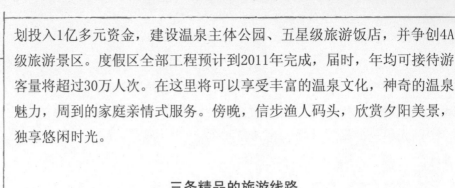

划投入1亿多元资金，建设温泉主体公园、五星级旅游饭店，并争创4A级旅游景区。度假区全部工程预计到2011年完成，届时，年均可接待游客量将超过30万人次。在这里将可以享受丰富的温泉文化，神奇的温泉魅力，周到的家庭亲情式服务。傍晚，信步渔人码头，欣赏夕阳美景，独享悠闲时光。

三条精品的旅游线路

朝圣文化游

云霄素称"开漳圣地"。唐高宗总章二年（公元669年），陈政、陈元光父子奉诏带兵入闽平乱，首先在云霄设州置县，开创了漳州的历史，形成了衍播海峡两岸及东南亚广大地区的"开漳文化"。

多年来，云霄一直致力于深入挖掘丰厚的文化历史积淀。众多的开漳史迹，为云霄打造朝圣文化旅游品牌提供了得天独厚的优势。近几年，云霄先后投入巨资对威惠庙、陈政墓园、戴郡马亭等开漳史迹进行修葺和保护。

投资近2亿元修建的将军山公园，已经成为凭吊开漳先贤丰功伟绩的一处不可多得的胜迹。将军山，因唐归德将军陈政及夫人司空氏合葬于此而得名，山体孤峰高耸，气势临空独尊。公园内屹立了陈政、陈元光父子巨型联体石雕像，使开漳先贤的光辉形象更加鲜明。云霄还投资800多万元，在公园景区文化中心建成开漳历史文化纪念馆，馆内设置开漳史迹展览和开漳民俗活动场所等。将军山公园已经成为漳州市档次最高、收藏开漳史料最丰富、功能最齐全的开漳文化中心，为开展对台对外文化交流与情感沟通提供重要平台。

2007年以来，连续两届开漳圣王文化节的举办，打响了开漳文化品牌，大大聚集了两岸人气，拉近了亲情。据统计，近3年来，云霄将军山、威惠庙每年平均接待来自台湾的进香团约二三千人次，至今已接待台湾信众数万人次。"寻根朝圣之旅"扩展了两岸同胞的联谊渠道，升华了两岸情缘，丰富了旅游内涵。

登石矶塔望京华

[清]薛凝度
日月京华远，
风涛海国秋。
前宵寻旧梦，
犹绕午门楼。

湿地生态游

漳江入海口，距云霄县城10公里的东厦镇，一片2360公顷的红树林郁郁葱葱。这是全国面积第二、种类最多、长势最好、保护最完整的一片红树林群落。1997年被福建省人民政府批准为省级自然保护区，2003年6月又被国务院列为国家级湿地保护区。

这片红树林由木榄、秋茄、桐花、白骨壤、老鼠勒以及三叶鱼藤组成。涨潮时，海水淹没滩涂，红树林仅有树冠浮在海面，如同碧波荡漾中的一座"绿岛"。落潮时，海水退出滩涂，红树林根系裸露交错，犹似仙境瑶池上的一片"圣境"。

"雪衣雪发青玉嘴，群捕鱼儿溪影中。惊飞远映碧山去，一树梨花落晚风。"春夏季节，白鹭聚集于此，羽色洁白、体型纤长、姿态轻盈，美丽的身影和青山绿水、波光云影和谐共长。无论漫步堤岸，或是泛舟林间，都会真正体会到远离尘嚣、回归自然的轻松与快乐。不管是红树的胎生苗，奇形怪状的呼吸根，还是滩涂上的招潮蟹，可爱的跳跳鱼，都为这个世界增添不少奇妙。

保护区内资源丰富，物种繁多，共计668种。其中，国家Ⅰ级保护动物2种，国家Ⅱ保护动物19种，中澳协定保护鸟类46种，中日协定保护鸟类77种，极具观赏价值。

红树林保护区周边，有着丰富的海水与淡水温泉资源，旅游配套完善，使生态观光、亲近自然、休闲体验相得益彰。

乌山红色游

云霄不仅是开漳圣地，还是闽南革命根据地。被誉为"闽南井冈山"的乌山，位于云霄、诏安、平和三县交界处，曾是革命战争年代闽粤特委、闽南地委领导机关所在地。至今，这里还保存着卢叨墓、警卫哨、指挥所、炊事房、财务处、印刷所、看守所、秘密通道等数十处革命遗址，是不可多得的红色旅游景区和革命教育基地。

海拔1117米的乌山巍峨挺拔、层峦叠嶂、奇峰怪石、形态万千、溪水潺潺、林深径幽、山花烂漫、浮云缭绕。还有壁立千仞的赤崖，构成了山空人欲静的意境，宁静而幽远。乌山以石取胜，山上到处都是乌黑色的花岗岩和流纹岩，而且"石之巨"、"独石成峰"属全国罕见。加上云雾缭绕、连月不开，构成了一幅雄伟秀美的大自然画卷。

随着投入3000多万元的乌山旅游公路逐步建成完善，沿途的万亩枇杷园、燕顶观光茶园、影视基地、万亩生态林三个旅游景点与乌山风景区形成串联，乌山旅游内容将更加丰富。

蒲葵关怀古

[清]方士正
东风拂拂水潺潺，
万古高怀此起间。
宋代銮铃新辇迹，
汉家茅土旧严关。
屋楼偃址埋芳草，
石碣新章没野营。
松桂苍苍人已邈，
独冲斜雾过青山。

◎ 人文云霄　魅力云霄 ◎周和国

人文底蕴、文化品位是一个城市魅力和形象的重要标志。作为始建漳州的发祥地，云霄被誉为"开漳圣地"，一度成为闽南政治、经济、军事和文化中心。历史积淀造就了云霄厚实而凝重的人文底蕴，塑造云霄为品牌城市文化形象。

云霄位于闽南金三角，南扼潮汕，北连漳厦，厦深高速铁路、同三高速公路、324国道贯穿县境，为闽粤交通枢纽。境内山川秀丽，气候宜人，物产丰饶，辐辏云集，人文荟萃，古迹名胜繁多，历代名人辈出。

早在一万多年前，在云霄这片肥沃富饶的大地上，就有先民在漳江流域繁衍生息。秦代设成，汉置蒲葵关，唐代陈政、陈元光父子开漳建郡，首开人文之风。从此，中原文化与闽南文化融合于美丽的漳江之畔，形成灿烂辉煌的开漳历史文化。宋代以降，漳水云山更是英才辈出，孕育了宋代忤秦桧弃官归里、讲学于石屏书院的陈景肃；元代作《平元曲》励夫勉弟捐躯卫国的陈璧娘；明代为革除西厂秉忠直谏的户部左侍郎吴原；以文章义节名噪京华、著《云山居士集》（载《明史·艺文志》）的翰林院编修林偕春；因抨击阉党、两遭罢黜的三部尚书蔡思充；清代跟随郑成功驱荷复台的"何地三杰"何斌、何义、何佑；政绩卓著、惠及浙民的何子祥；修台湾《诸罗县志》的陈梦林……历代职守或游历云霄的显宦名贤，有唐钟绍京、李德裕、宋蔡襄、吕璹，明黄道周、张士良、戚继光；清蔡世远、蔡新、秋嘉禾、鉴湖女侠秋瑾（诞生于七先生祠）等，穿行在漳水云山之间，留下步履从容的印记，将其名篇诗作、字画联匾等留在这块钟灵瑰丽的南疆宝地。陈吊眼在红竹尖燃起抗元义军战火；提喜和尚在高溪庙、高溪

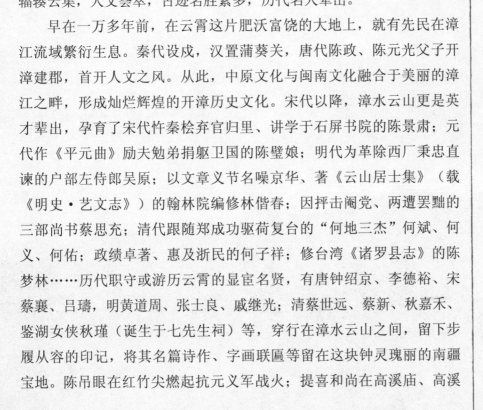

故郡 云霄

【海峡二十七城市历史文化系列】

观音亭结义反清发展天地会；郑成功抗清两度光复云霄；太平军南方余部在岳坑打响与清军在福建的最后一战。梁岳下、乌山上，留下了邓子恢、卢胜、卢叨等老一辈革命家的足迹，是红三团、闽南支队、中共闽粤赣边闽南特委根据地之一，为配合全国解放战争作出了重大贡献，也为云霄人文历史写下宏伟壮丽的篇章。

近年来，云霄充分挖掘历史文化底蕴，突出开漳祖地、天地会诞生地、秋瑾出生地和闽南革命根据地等人文优势，加强文化基础设施建设，兴建了一批有代表性和标志性的文化设施，如将军山文化中心、将军书法碑林、陈政、陈元光塑像等。注重文化软环境建设，举办文化盛会，打造开漳文化品牌，投资2300多万元拍摄了33集电视连续剧《大唐儒将开漳圣王》，填补了至今没有一部以开漳历史为题材的影视作品的空白；投资200多万元，在将军山公园景区文化中心建成全国首个开漳历史纪念馆，使将军山公园成为漳州市收藏开漳史料最丰富、功能最齐全的开漳历史文化中心，为开展对台文化交流与情感沟通提供重要平台，进一步打响了"开漳圣王文化"品牌；第三届"开漳圣王"文化节前夕，云霄县首部全面反映开漳圣王文化研究成果的开漳文化专著《陈元光与开漳圣王文化》付梓等等。通过把这些独特而略带些神秘的历史文化诗意般地推至世人眼前，把历史的碎片捡拾起来，把历史的印记串连起来，充分宣传展示先贤的业绩及发生在开漳祖地上令人瞩目的经济社会文化等方面的建设成就，多方位地把云霄人文优势推介到海内外，在海西建设大业中彰显了人文景观与经济发展的双重魅力。

小城的色彩

◎ 林曜和

　　到漳州来的远客经常会一脸疑惑，面对滔滔不绝的九龙江问本地的朋友："这就是漳江吗？"

　　"不是，漳江在离此近200里的云霄。"

　　客人一听，难免在迷惑中又多了几许嘘唏。

　　屈指细数，我在云霄这个小城也已经住了一年四个月了。记得初来小城时，我对它只是一片梦里雾里的印象，更不知道漳江在何处了。仅从"云霄"二字感知到的只是极目远天的空旷感。

　　云霄小城倚靠一条漳江，头枕着高危的将军山，像一位历经沧桑的老者，风骨宛然，气韵深远。

　　在小城住的日子长了，自然对它有了较清晰的印象。而印象给我最深刻的就是它跳动的色彩。

　　明艳，狂放，深邃，构成了小城特有的色彩。

　　初到云霄的人一定会发觉，大街小巷里绝不是单一的流行色。人们的衣着在时代的潮流里已洗尽了传统的装扮。夏天，你会看到色彩

欣赏云霄新姿

斑斓的街上，人们装束时尚，风采多姿；到了冬天，你又可以触摸到另一种炫目的色彩在点染着小城。男人们穿着价值不菲的西服，神态悠然；而女人们几乎是清一色地脚穿长统靴，款式绝对迥异。特别是当她们走在幽深而又阜盛的大街上时，你可以感觉阵阵动听的"咯咯—咯咯"的节奏微颤着你的耳鼓，声声入耳，然后像窖藏百年的酒香一样让你回味无穷。绝对的明艳，鲜美，阳光，就像这里饮誉海内外的枇杷一样，色彩黄橙橙的，总让人内心泛起丝丝感动。

小城在不老的岁月中，就像一位丰腴的少妇，明艳而不妖冶，狂放而不娇纵；她正在源源流淌的漳江边涤荡久滞的封尘，把最亮丽的风韵展现给远道而来的人。

一到夜幕降临，小城夜色阑珊，在万家灯火的映照下开始它的不眠之夜。

霓虹闪烁的街道肯定让你感觉流光溢彩的美，豪华气派的小车川流不息，明窗净几的商店里灯光辉煌，MTV厢房歌声不绝如缕……若隐若现地演绎着它繁华而流动的色感。人们在悠闲地游走在小城的每一个角落，在他们喜欢去的地方喝上一杯，或者唱上一曲，让自己的雄心壮志再扩张一次……

小城狂放任性的灯光，会让你偶尔感到繁华背后的些许失落和阴影，但你不必过于介意。白天与黑夜交替，光点与阴影并存，这是再正常不过的道理了。

站在小城郊外的将军山上远望，城区没有多少高耸的建筑物，给你满眼一片白色，格外刺目。当然浅近的白色并不能遮掩小城在城区布局和历史上所留下的视觉美感。格局的深邃，历史的丰厚，交错网住了小城的天空，色彩是那么高远、深邃而明丽。

小城的街道会让初来乍到的你倍感迷惑，辨不清东西南北。从南到北，你肯定会遇见许多"Y"型的街口，让你顿时无所适从，不知去向。这好像你在攀沿一棵高耸云霄的树，每到一个树杈处，都得停下往树梢看看，前方的路到底在哪里。

从南往北走小城的街道，我总会有一种独特的感受。每次从老家过来，就喜欢细看车窗外无数个"Y"型的街口，然后联想到人生。人生也有很多"Y"型的街口，就看你自己怎么去走。所以我时常对老家的朋友说，云霄这座小城是启示生命历程的小城，走在小城里，你就像走在人生旅途上。

漳江水一直是自西往东潺潺流着，最后在生长着红树林的漳江口滔滔入海，流走了人世多少沧桑，也见证着几百年来的风雨历程。

漳江不在漳州，这不是历史的错位，而是历史发展的奇遇。

据《云霄县志》记载："高宗总章二年（公元669年），泉、潮间蛮獠啸乱，民苦之，金乞镇帅有威望者，以靖边方。"朝廷派果敢有为的归德将军、河南光州固始人陈政率兵3600名，将士123名"前往七闽百粤交界……开屯建堡，靖寇患于炎方，奠皇恩于绝域"。陈政奉命统兵福建，屯垦在云霄。

随后，朝廷又命陈政之弟陈敷、陈敏率固始58姓军校增援。一天，队伍来到一条碧波粼粼、两岸青山翠竹的大江，陈政忽然想起家乡河南的漳河，不禁叹说："此水如上党之清漳。"从此，人们就称这条江叫漳江。陈政死后，其子陈元光带领兵众平定啸乱。

唐垂拱二年（公元686年）朝廷批准陈元光奏请建立漳州府。得到朝廷准许，于是陈元光在漳江畔建置了潭州城，并任漳州刺史。《漳州府志》《云霄县志》都盛赞陈政、陈元光父子对于福建有"开千百世衣冠文物"之功。陈元光被尊为"开漳圣王"，称陈政为"王公爹"。

今天，从小城一些街道的命名看，比如陈政路、元光路，还有正在建设中的将军大道，我们都可以体会到人们对陈政、陈元光父子的深深敬仰。

漳江水不断地流淌着它神秘的色彩，让你感喟不已，也让我有着家园梦归的惊喜……

编 后 记

云霄是镶嵌在福建东南沿海上一颗璀璨的明珠！历史的垂青，造就了"开漳圣地"的美誉！千年古郡，在海西升腾崛起的浪潮中，勾画了"电光源之都"的魅力光彩！基于打造历史文化名城和中国光电之都，打响开漳圣王文化品牌，促进漳台文化交流，希冀梳理出云霄历史文化发展脉络，以飨读者。

这一卷丛书围绕着"历史文化"的主题，或历史传说，或追述史实，或人物传奇，或寻古寄思等等，不一而足，手捧书卷，翻之阅之，就像展开一幅画卷，一种历史的厚重感从指尖拂过，滑落在心里，令人思绪万千。"绿色山水"、"风土人情"等现代风貌，穿过时间的跨度，完成历史与现实的交融汇合，使此书具有了一种历史感和现实感，更难能可贵的是书中渗透着人文情怀和浓烈的情感，增强了可读性和感染力！

这卷丛书是历次云霄出版文集中较为完整的一次编撰，基本上能够反映云霄历史文化概貌，可以说是云霄的"小百科全书"，品读本书，领略云霄，遂生"一览众山小"之感。

本书由"探寻历史遗存"、"拜访古代先贤"、"感悟绿色山水"、"品味地方风情"、"寻找故事传说"、"重读古典诗文"、"欣赏云霄新姿"七个部分组成。这七个部分共近百篇文章，多为本县文史专家、作家、记者或文坛新秀提供或创作，部分系作客我县的专家学者的文章，特别是书中收录了中国作家协会理事、福建省文联主席、全国文联委员许怀中教授的《雨中登将军山》一文，以独特的视角、恣意的文笔、完美的艺术手法，展现了发展的云霄、人文的云霄，为本书增光添色，对此我们深表谢意；同时还要感谢出版社及有关方面对本书提出的宝贵意见。"历史文化丛书"阅评组的同志们，综合了各方面的意见，做了大量的修订工作，从而保证了本书的出版质量；有关单位在出版经费上给予大力支持。对此一并表示谢忱。

正值新中国六十华诞来临之际，希望此书的出版发行，为祖国母亲献上一份厚礼，也为云霄打造"电光源之都"点亮智慧之"光"、文化之"光"、希望之"光"，促进云霄经济社会和谐发展。由于时间较为仓促，知识水平局限，错讹之处在所难免，敬请读者批评指正。

编 者

2009年9月